Bengt Wedemalm
Im Dienste Seiner Majestät

W0195422

Im Dienste Seiner Majestät

BENGT WEDEMALM

ReformaZion Media
Braasstraße 30
D – 31737 Rinteln
Fon 05751 / 97 17 0
Fax 05751 / 97 17 17
info@reformazion.de
www.reformazion.de

ISBN 978-3-938972-06-9
1. Auflage, Dezember 2008

Printed in Germany

Inhalt

Einleitung

Schon so einige Male habe ich in den letzten Jahren mit dem Schreiben dieses Buches begonnen, konnte aber diese Arbeit aus verschiedenerlei Gründen nicht beenden. Deshalb freue ich mich sehr, dieses Buch nun präsentieren zu können.

Hierin erzähle ich die Erlebnisse der ersten Jahre meines Dienstes und beschreibe, woran ich aktiv mitgearbeitet habe. Dies sind meine Erfahrungen. Ich erhebe nicht den Anspruch, alles Geschehene wiederzugeben, sondern teile Dir meine Geschichte mit. Möge dich dieses Buch inspirieren.

Mein Gebet ist, dass Jesus verherrlicht wird, und dein Herz beim Lesen von der Vision entzündet wird, „das Evangelium in die Nationen zu bringen". Alles ist möglich dem, der an Jesus glaubt!

Vor allem widme ich dieses Buch meiner geliebten Frau Vivianne. Für mich ist sie die wahre Heldin. – Ohne dich hätte ich es nicht geschafft. Ich danke dir!

Ebenso möchte ich das Buch meinen wunderbaren Kindern Rebecka, Joel, Magdalena und Deborah widmen. – Ich bin so stolz auf euch! Ihr seid die größte Freude meines Lebens.

Vorwort von Colin Urquhart

Die Bücher mit persönlichen Lebensberichten unterscheiden sich voneinander. Manche Menschen möchten einfach nur mitteilen, wie der Herr Jesus Christus ihre Leben beeinflusst hat. Solche Bücher sind auferbauend, haben aber nicht wie andere Berichte, zu denen auch dieser zählt, eine nachhaltigen Effekt auf den Leser. Dieses Buch gehört in die Kategorie der aufregenden Erzählungen von der wundertätigen Kraft Gottes – in immer anderen Situationen und verschiedenen Nationen.

Durch den Glauben eines Mannes und jener, die von ihm beeinflusst waren, konnte das Leben vieler Menschen berührt werden. Dies hat den Herrn nicht nur verherrlicht, das Reich Gottes breitete sich auch aus.

Dieses Buch gibt dir eine aufregende Einsicht, wie der Geist des Glaubens in demjenigen wirkt, der sich an vorderster Front des Handelns Gottes befindet. Manche Ereignisse mögen dir unglaublich vorkommen, aber sie alle können eine Ermutigung für deinen Glauben sein.

Seit vielen Jahren kenne ich Bengt persönlich. Immer wieder hat mich seine positive, geradlinige Art, sich als Christ den Herausforderungen zu stellen, gesegnet. Du wirst nur dann zu einem Überwinder, wenn du eine Situation nach der anderen zu meistern hast.

Menschen des Glaubens beklagen sich nicht über den Widerstand des Feindes oder über mögliche aufkommende Schwierigkeiten, wenn das Evangelium in verschlossene Nationen gebracht wird; sie überwinden anstatt zu klagen!

Deshalb ist dieses Buch ein wunderbarer Bericht von der Güte und Gnade Gottes. Es ist leicht zu lesen, und sein Inhalt wird dein Herz ergreifen. Ich vertraue darauf, dass du nach der Lektüre den Herrn darum bitten wirst, den Geist des Glaubens in deinem Leben wirken zu lassen. Deine Lebensumstände mögen sich von denen, wie Bengt sie beschreibt, unterscheiden, aber dieser selbe Geist des Glaubens kann in deinem Leben wirken, egal wer du bist oder wie die Umstände aussehen mögen, in denen du überwinden musst!

Colin Urquhart
Gründer von „Kingdom Faith", Großbritannien

Vorwort von Damir Šicko Alic

Gott gebraucht unterschiedliche Menschen, um uns dabei zu helfen, unsere Bestimmung auf dieser Erde zu erfüllen. Für mich ist Bengt einer von ihnen. Sein Glaube und sein Mut machen ihn zu einem außergewöhnlichen Beispiel für uns alle.

Folglich wurde er mit einer großen Zahl ermutigender Zeugnisse gesegnet, welche wiederum den Glauben vieler anderer anregen. Er dient im Geist des Durchbruchs – und dies ist fortwährend eine Inspiration für mich gewesen. Ich bin sicher, dieses Buch wird auch für dich ein großer Ansporn sein.

Damir Šicko Alic
Gründer und Pastor von Rijec Zivota, Kroatien

1

Meine Kindheit

Gott ... was wird er über mich sagen?

Ich befand mich auf dem Weg zu Don Kirkby, einem Mann Gottes aus Neuseeland. Im März 1980 lehrte er an der Jüngerschaftsschule von „Jugend mit einer Mission" an der schwedischen Westküste.

Bis zu diesem Tag war mein Leben ziemlich gewöhnlich verlaufen. Ich war 18 Jahre alt, wie so viele meiner Generation orientierungslos und ohne ein richtiges Lebensziel.

Aufgewachsen in einer christlichen Familie konnte ich von einer festen Lebensgrundlage profitieren. Doch schon früh wandte ich mich gegen diese Werte und wurde, wie so viele in jener Zeit, zu einem Rebell, der auf keinem Fall dem Beispiel seiner Eltern folgen wollte. Ich wollte etwas anderes!

1961 wurde ich in Vänersbourg geboren, einer Stadt im Südwesten Schwedens. Doch erinnern kann ich mich nicht mehr an diesen Ort, denn als ich zwei Jahre alt war, zogen wir in eine andere Stadt namens Karlstadt.

Meine frühe Kindheit war gut behütet, und ich wuchs zusammen mit meinem älteren Bruder Sven und den beiden jüngeren Schwestern Ingrid und Lena auf. Meine Mutter Daghild war Krankenschwester, und mein Vater Per-Arne arbeitete als Stadtplaner. Wegen seines Berufes musste unsere Familie sehr oft umziehen.

Die meiste Zeit meiner Kindheit verbrachte ich in der Stadt Tranas. Hierhin zogen wir als ich 5 Jahre alt war. Dort konnte man großartig leben.

Wir mieteten ein altes, großes Haus in der Stadt. Dieses Haus habe ich wirklich gemocht. In Tranas hatte ich viele Freunde, und das Leben war schön. Ich war bei den Pfadfindern und sang in einem Chor. Auch konnte ich ein paar Instrumente spielen – Klavier, Geige, Cello und eine Zeitlang sogar Trompete.

Als ich 10 Jahre alt war, teilten meine Eltern meinen Geschwistern und mir mit, mein Vater würde befördert. Er sollte Bezirks-Landvermesser für ein größeres Gebiet im Süden Schwedens werden. Wieder mussten wir umziehen.

Mein Vater hatte eine Stelle in der Stadt Vetlanda erhalten. Da meine Eltern ein eigenes Haus bauen wollten, zogen wir in ein Miethaus in einem Dorf außerhalb Vetlandas, bis sie den richtigen Bauplatz gefunden hatten.

Ich kann mich daran erinnern, wie traurig ich war, als ich das geliebte Haus in Tranas verlassen musste und mich von all meinen Freunden verabschiedete.

Das kleine Dorf gefiel mir von Anfang an nicht. Ich besuchte eine neue Schule und erfuhr, mehr oder weniger kamen alle Kinder meiner Klasse vom Bauernhof. Ich war ein Stadtkind. Das konnte nicht gut gehen. Schon nach wenigen Tagen verprügelten mich einige ältere Kinder. Dies schockierte mich. Das Leben wurde ein wenig zur Hölle. Ich hasste die Schule und fand dort niemals richtige Freunde.

Ein Jahr später war ich froh, nach Ekenässjön, einer anderen Stadt außerhalb Vetlandas, zu ziehen. Dort hatten meine Eltern gerade ihr neues Haus fertiggestellt. Glücklich, dem Alptraum entronnen zu sein, ging ich in eine neue Schule in Ekenässjön. Hier war die Atmosphäre freundlicher, aber ich hatte sehr damit zu kämpfen, wirkliche Freunde zu finden. Trotzdem war es nicht so schlecht – bis ich 13 Jahre alt wurde und die siebte Klasse in Vetlanda besuchte.

Von einer Bande aus einer anderen Klasse wurde ich ziemlich schikaniert. Ich kann mich erinnern, wie ich litt. Ständig hatte ich Angst, dass diese Jungs auftauchten und mich schlugen. Sie waren älter als ich, und ich war allein. Das hielt bis zur Hälfte der achten Klasse an. Während dieser Jahre habe ich niemandem irgendetwas davon gesagt. Die Bande hatte überhaupt keinen Anlass, mich zu schlagen, und noch heute frage ich mich, wie Kinder grundlos so grausam zu jemanden sein können.

Ich entschied, mich zu ändern und ein harter Junge zu werden. Dazu nahm ich die Haltung an, alles Verbotene probieren zu wollen. Falls irgendjemand verrückte Dinge tat, wollte ich dem noch einen draufsetzen. Das führte dazu, dass die anderen Kinder der Schule mich respektierten.

Natürlich half es nicht in bezug auf die mir vorgesetzten Personen. Es führte zu mehr und mehr Problemen mit den Lehrern und dem Direktor der Schule. Meine Noten wurden schlechter, und ich schwänzte viele Schulstunden, nur um verrückte Sachen außerhalb der Schule zu machen.

Als es an der Zeit für mich war, eine höhere Schule zu besuchen, entschloss ich mich, nach Nässjö zu gehen, einer anderen Stadt mit neuen Menschen. Diese lag 30 Minuten von meinem Elternhaus entfernt. Nachdem ich ein Jahr gependelt war, bezog ich in Nässjö mein eigenes Appartement und war begeistert, für mein eigenes Leben verantwortlich zu sein. Das bedeutete aber auch, eigenes Geld verdienen und selbst Essen kochen zu müssen. Ich genoss die Zeit dort und fuhr damit fort, ein harter Bursche zu sein – dieses Mal von allen vollkommen respektiert.

Ich war 17 Jahre und dachte, ich könnte mein eigenes Leben allein in den Griff bekommen.

2

Auf der Suche nach Gott

Während meiner Kindheit hatte es Zeiten gegeben, in denen ich Gott ernsthaft suchte und viele Fragen an das Leben stellte.

Sobald ich jetzt allein war, kamen diese Fragen drängend zurück. Mein guter Freund Johnny, bekannt als einer der wilden Jungs der Stadt, besuchte mich eines Tages und erzählte mir, dass er Jesus angenommen und sein Leben sich verändert hätte!

Es fiel mir schwer, ihm zu glauben. „Sollte es wirklich einen Gott geben?", fragte ich mich selbst. „Wenn das stimmt ... was ist dann mit meinem Leben?"

Einige Wochen später fand ich mich bei einer Zeltevangelisation mit einem Prediger namens Sigward Wallenberg wieder. Er predigte eine Botschaft, welche mein Leben für immer verändern sollte. An diesem Abend wurde ich errettet und wusste, mein Leben würde niemals mehr dasselbe sein. Jetzt war ich ein neugeborener Gläubiger, und es war eine großartige Erfahrung, abends mit einem guten Gewissen einschlafen zu können.

Ich war als Industriearbeiter in der Fabrik Eldon beschäftigt. Diese Arbeit war Teil meines Studiums zum Maschinenbauingenieur, und ich mochte sie überhaupt nicht. Sie war sehr eintönig, und ich musste acht Stunden am Tag, fünf Tage die

Woche, das gleiche tun. Mein Freund Richard, der zur gleichen Zeit Jesus angenommen hatte, arbeitete in derselben Fabrik. Für einige Zeit wohnte er mit in meinem Appartement.

Unmittelbar vor Weihnachten 1978 beschlossen wir beide, unsere Arbeit aufzugeben. Mir war klar geworden, ich musste dort herauskommen, bevor ich selbst zu einer dieser Maschinen wurde. Wir zogen beide nach Jönköping und nahmen an einem Kurs teil, um Jugendmitarbeiter zu werden. Das fand an einer christlichen Universität statt, an der viele Studenten wiedergeborene Gläubige waren.

Beide genossen wir unsere Zeit dort und konnten viele neue Freunde gewinnen. Richard und ich beschäftigten uns viel mit Musik. Ich spielte Bassgitarre und Richard E-Gitarre. Unsere Musik war Heavy Metal; sie war sehr hart. Ein Freund schloss sich uns an und spielte Schlagzeug.

Als wir eines Tages probten, geschah etwas Eigenartiges. Unser Schlagzeuger wurde beim Spielen ganz seltsam. Seine Augen begannen zu rollen, und er schrie komische Worte. Die Atmosphäre im Raum veränderte sich, und ich empfand eine starke Gegenwart des Bösen. Richard und ich waren in Panik und verließen den Raum. Der Schlagzeuger spielte alleine weiter.

Ein ähnliches Erlebnis hatte ich schon gehabt, bevor ich errettet wurde. Meine Lieblingsmusik war von Black Sabbath, Blue Oyster Cult, Judas Priest und den Rolling Stones. Ich kann mich daran erinnern, dass mir einige der Lieder „geistliche Erfahrungen" brachten. Das traf besonders bei der Musik von „Blue Oyster Cult" zu. Später erfuhr ich, einige dieser Musiker waren tief im Satanismus verstrickt. Richard und ich wussten, unserem Freund musste geholfen werden.

Wir sprachen mit einem der Kaplane an der Universität und baten ihn, den Teufel aus unserem Freund auszutreiben. Er befahl uns, solchen Dingen fernzubleiben, und sagte, dass er an diese Art Dienst nicht glaube. Deshalb entschieden wir, den „Exorzismus" mit der Hilfe einiger Freunde aus einer christlichen Rockband selbst vorzunehmen. Sie hatten ein Konzert an unserem Campus geplant. Und wir wussten, der Leadsänger hatte ein Buch von Derek Prince über Dämonen gelesen. Sie waren bereit, uns zu helfen, obwohl der Sänger das Buch nicht zuende gelesen hatte. Wahrscheinlich hatte er ein wenig Angst.

Wir nahmen unseren Schlagzeuger zum Konzert mit, und als es vorbei war, sagten wir ihm, nun sei die Zeit gekommen, ihn freizusetzen. Er rannte weg, und wir ihm nach. Schließlich erwischten wir ihn auf dem Dachboden eines der alten Gebäude der Universität. Er schrie, und wir auch. Dann befahlen wir dem Dämon zu gehen, aber nichts geschah. Wir versuchten es die ganze Nacht, wurden müde und bekamen Angst. Ich weiß noch immer nicht, ob ihm geholfen wurde, aber ich habe eines erkannt: Ich hatte nicht die Stärke, Menschen freizusetzen!

Dies rüttelte mich wach. Ich wollte Jesus folgen und anderen Menschen helfen, den Weg zu Jesus zu erkennen – doch ich besaß keinerlei Kraft.

Eines Tages fragte ein Freund Richard und mich, ob wir zu einem Gottesdienst in der Methodistischen Kirche in Huskvarna mitkommen würden. Ein Pastor aus Großbritannien würde über den Heiligen Geist predigen, und jeder wäre willkommen. Wir entschieden uns hinzugehen und nahmen einige junge Männer mit, welche Jesus erst ein paar Wochen zuvor angenommen hatten. Wir hatten sie tatsächlich zum Herrn geführt, obwohl wir fast nichts aus dem Wort wussten.

Als der Pastor mit der Predigt begann, erfuhr ich etwas, nach dem ich mich das ganze Leben lang gesehnt hatte. Ich spürte die Gegenwart des Heiligen Geistes. An die Predigt kann ich mich nicht erinnern, aber am Ende des Gottesdienstes stand ich mit meinen Freunden vor der Gemeinde und wartete darauf, den Heiligen Geist zu empfangen. Wir wurden wunderbar mit dem Heiligen Geist erfüllt, und ich begann das erste Mal, in anderen Sprachen zu reden. Das Feuer Gottes brannte in mir. Ich wusste, mein Leben würde niemals mehr wie vorher sein. Als wir im Bus saßen und nach Hause fuhren, sprachen wir miteinander in neuen Zungen!

Jetzt begann eine interessante Zeit. Es war, als würde jemand in mein Leben treten und Kontrolle über alles an sich nehmen wollen. Heute weiß ich, dass dies eine normale Folge der Taufe in den Heiligen Geist ist. Aber zu jener Zeit dachte ich, das sei sehr hart.

So viele Dinge mussten in meinem Leben geändert werden. Ich konnte nicht mehr der gleichen Art von Musik zuhören oder sie spielen. Dinge, von denen ich auch als Christ dachte, sie wären in Ordnung, waren nicht länger okay. Ich weiß jetzt, dass die Bibel dies Heiligung nennt – etwas, was wir beständig erfahren werden. Zum ersten Mal in meinem Leben begann ich, die Bibel zu lesen.

Einige Monate später erzählte mir ein Freund von einer Bibelschule, welche sich „Jugend mit einer Mission" (JmeM) nannte. Sie war gerade erst an der schwedischen Westküste in Betrieb genommen worden, und mein Freund meinte, ein Besuch dort wäre gut für mich. Ich nahm Kontakt zu JmeM auf, und mir wurden Informationen über die Schule zugesandt. Ich war überrascht, als ich den Aufnahmeantrag durchsah. Sie wollten alles über mich wissen und benötigten sogar eine Empfehlung von einem Pastor. Außerdem forderten sie einen großen Geldbetrag. Ich legte das Schriftstück beiseite. – „Nichts für mich", sagte ich mir.

Ein paar Wochen später wollte mich ein anderer Freund, der älter war als ich, treffen. Er sagte, er hätte von meinem Interesse an der Bibelschule gehört, und erklärte mir, Gott hätte ihm aufgetragen, alles für mich zu bezahlen ... sogar die Missionsreise, die ein Teil der Schule sein sollte.

Ich war überrascht. Warum sollte jemand das für mich bezahlen? Ich erkannte, es musste der Wille Gottes sein und beschloss, die Anmeldung auszufüllen. Ich wurde angenommen und wenige Wochen später, im Januar 1980, befand ich mich auf dem Weg nach Restenäs, dem schwedischen Zentrum von JmeM. Als ich im Zug saß, fühlte ich, es würde etwas geschehen. Es war ein bisschen unheimlich. Ich wusste, ich musste damit aufhören, Kompromisse einzugehen, und bereits im Zug konnte ich erfahren, wie der Sterbeprozess für mein altes Wesen begann.

Um eine lange Geschichte kurz zu machen: die ersten Monate waren sehr schmerzhaft. Die Lehre war sehr radikal, und ich vermute, dass war genau, was ich brauchte.

Dann im Frühling befand ich mich auf dem Weg zu diesem Mann Gottes, Don Kirkby. Es lag eine prophetische Gabe auf seinem Leben, und ich hatte wirklich Angst vor ihm. Er hatte mir mitgeteilt, er wolle mich alleine in seinem Zimmer treffen. Ich war auf alles gefasst.

Ich erinnere mich gut, als Vorbereitung zu diesem Treffen mit Herrn Kirkby bekannte ich alle mir bekannten Sünden, und auch die, von denen ich nichts wusste. Sogar sagte ich zu

Gott, er könne mich auch töten, bevor ich im Zimmer dieses Mannes Gottes umgebracht würde! Mein Bild von Gott hat sich seit dieser Zeit ziemlich gewandelt.

Ich klopfte an die Tür. Don Kirkby erlaubte mir hereinzukommen und hieß mich, Platz zu nehmen. Es gab etwas, was ich an diesem Mann mochte. Er war echt. Ich hatte die Gegenwart Gottes während seiner Lehrzeiten gespürt. Mein Herz pochte: „Was wird jetzt kommen?"

„Lass uns zusammen beten", forderte er mich auf.

Wir beteten, und plötzlich sagte er: „Mein Sohn, Gott hat dich zu den Nationen gerufen. Du wirst das Evangelium in Regionen bringen, von deren Existenz du heute nicht mal weißt." Ich zitterte vor Angst und Schrecken. Kam das wirklich von Gott? Ich spürte die Gegenwart Gottes sehr stark. Mein Herz rief: „Ja". Aber mein Kopf meinte: „Nein".

Ich bedankte mich bei Herrn Kirkby und verließ das Zimmer. Irgendetwas sagte mir: „Dein Leben wird nicht mehr dasselbe sein." Mein Herz war verändert. In meinem Zimmer kniete ich an der Bettkante nieder und betete zu Jesus: „Was auch immer Du sagst ... ich bin bereit, es zu tun."

3

Meine ersten Missionsreisen

Einige Monate später fuhr ich zusammen mit 30 Leuten in einem alten Schulbus in die UdSSR (die ehemalige Sowjetunion). Es war die geplante Missionsreise. Ich wusste nicht viel über die UdSSR, hatte aber gehört, sie würden dort Christen töten. „Großartig, dass wir dorthin fahren und sterben", dachte ich bei mir. Ich war auf das Schlimmste vorbereitet. Ich wusste, Gott hatte mich berufen, und ich musste gehen.

Wir kamen zur Grenze zwischen Finnland und Russland. Es war im Juni 1980, und der Kalte Krieg war in vollem Gange. Wir sollten in einer Kirche nahe der Grenze übernachten, und vor dem Zubettgehen teilte uns unser Leiter, Christian Westergard mit, Gott hätte ihm Anweisungen für den nächsten Tag gegeben. Wir sollten Bibeln mit uns nehmen!

Ich wusste, dies war etwas sehr Riskantes! Christian trug uns auf, Gott zu fragen, wie viele Bibeln wir mitnehmen sollten. Ich hatte Angst, erkannte aber, dass es Gottes Wille war. Als ich Gott fragte, hatte ich den Eindruck, er würde sagen: „Nimm so viele mit, wie du kannst!"

Ich trug eine alte Lederjacke. Sie war sehr groß und hatte viele Taschen. Früh am Morgen füllte ich meine Jacke und Hose mit so vielen Bibeln, wie nur möglich. Als ich in den Bus einstieg, sah ich aus wie Arnold Schwarzenegger. Ich fragte meine Freunde, wieviele Bibeln sie bei sich hätten: eine oder zwei!

Wir kamen an die Grenze, und ich hatte richtig Angst. Man hatte uns aufgetragen, alle Fragen mit Nein zu beantworten und unsere Köpfe zu schütteln. Das tat ich, und es schien, als würde es gut funktionieren. Als ich ohne Leibesvisitation durchgehen konnte, war ich ja so glücklich!

Die Frage des „Bibelschmuggelns" wurde zu dieser Zeit kontrovers behandelt. Einige dachten, es sei falsch, Bibeln zu schmuggeln, da das bedeuten würde, die Gesetze der kommunistischen Länder zu brechen. Ich hatte kein Problem damit, denn ich wusste, Gott hatte uns aufgetragen, denen das Wort Gottes zu bringen, die es nie gehört hatten. Viele der Kritiker haben jedenfalls noch nie etwas für die unerreichten Nationen getan. Noch heute glaube ich, es ist manchmal nötig, Gott mehr zu gehorchen als dem, was gottlose Regierungen erlauben.

Ich empfand, ich würde etwas Wichtiges für das Reich Gottes tun. Zu einem späteren Zeitpunkt der Tour stand ich mit einem Freund auf dem Roten Platz in Moskau.

Ich versuchte einem jungen Russen zu erklären, dass Jesus lebt und Lenin tot ist. Dabei deutete ich auf das Mausoleum, in dem Lenin begraben ist. Das musste ich einige Male tun und beim letzten Mal bekam ich eine Vision, die mein Leben verwandeln würde. Vor mir sah ich Millionen von Menschen, welche das Evangelium noch nie gehört hatten, und ich empfand, Gott würde sagen: „Daran kannst du etwas ändern!"

In den letzten Tagen der Tour gab ich so vielen Menschen wie möglich Zeugnis. Ich sprach Englisch, Deutsch, in Zungen und ein paar Worte Russisch. Menschen wurden errettet! – Als wir aus Russland zurückkehrten, wusste ich, dies war meine Berufung!

In Restenäs wieder angekommen entschieden einige Freunde und ich, sobald wie möglich in die UdSSR zurückzukehren. Wir beteten und baten Gott um Führung. Er beauftragte uns, eine Reise für September des gleichen Jahres zu planen. Dieses Mal hatten wir vor, nach Sotschi im Süden Russlands zu gehen. Das empfand ich als aufregend, und ich wusste, es entsprach meiner göttlichen Berufung.

Während meiner Zeit im Missionsdienst habe ich viele Menschen getroffen, die behaupten, sie seien für verschiedene Orte berufen, aber sie machen sich niemals dorthin auf. Jahre vergehen, und es geschieht keine Veränderung. Ich stelle nicht in Frage, ob sie Gott berufen hat oder nicht, aber ich glaube, sie übersehen ein sehr wichtiges Prinzip unseres christlichen Lebens: Wir sind dazu berufen zu gehen! Gott wird unsere Füße niemals bewegen! Zusammen mit unseren Anstrengungen seinen Willen zu tun, wird er handeln. Falls Gott dich nach China berufen hat ... gehe nach China! Lerne Chinesisch! Lerne das chinesische Essen zu lieben! Lese Bücher über China! Tue, was immer du kannst, um dem Ruf Gottes zu gehorchen.

Das bedeutet, du musst einen Preis bezahlen. Ohne dies kannst du Gott niemals gehorchen. Du bist dir selbst gestorben; zumindest solltest du es sein. Seinen Jüngern hat Jesus befohlen, das eigene Kreuz zu tragen und ihm zu folgen. Das Kreuz aufzunehmen kann für jeden Menschen etwas anderes bedeuten. Schritte des Glaubens zu gehen, bedeutet immer, sich selbst gestorben zu sein. Du wirst keine Garantie oder Absicherung außerhalb deines Vertrauens in Gott und sein Wort haben und in das, was er dir aufgetragen hat zu tun.

Ich wusste, mein nächster Schritt war, nach Sotschi in Südrussland, nahe bei Georgien, zu fahren. Diese Stadt liegt am Schwarzen Meer, und zu jener Zeit war sie einer der wenigen Ferienorte, zu dem Russen und Menschen aus Osteuropa – aus dem Kommunistischen Block – reisen durften.

Eine Strecke war 5.000 Kilometer lang, und natürlich lagen viele Herausforderungen vor uns. Wir brauchten ein Auto, Geld für die Reise und Visa, die uns den Besuch in Sotschi erlaubten.

Ich bat Gott, mich im Sommer mit einem guten Job zu versorgen, damit ich Geld für die Reise sparen konnte. Er teilte mir mit, er hätte bereits einen Job für mich vorbereitet – bei JmeM, wo ich ausgebildet wurde. Er sagte, im Sommer würde ein Tellerwäscher benötigt. Die lutherische Kirche wollte eine Konfirmandenfreizeit bei uns durchführen. Das war eine Art, wie JmeM Geld verdienen konnte. Da der Ausbildungsort an der Westküste Schwedens lag, war es attraktiv, dort die Sommerferien zu verbringen. Die Kinder, die zu diesem Camp anreisten, kamen aus wohlhabenden Familien, und nach dem biblischen Unterricht konnten sie in ihrer Freizeit segeln und surfen.

Ich redete mit der JmeM-Leiterschaft, und sie war begeistert, mich als Tellerwäscher einzustellen. Ich hasste es, Geschirr zu spülen, war aber bereit, dies für Geld zu tun. Deshalb war ich sehr frustriert, als mir mitgeteilt wurde, dass ich keinen Lohn erhalten würde! Ich sollte es für das Reich Gottes tun.

Gott zu dienen bedeutet vielfach nicht, was wir erwarten. Er möchte uns umgestalten und in das Bild Jesu verwandeln. Wie in Philipper 2 beschrieben, demütigte sich Jesus, als er den Himmel verließ und Mensch wurde. Er kam nicht als Meister, sondern als Diener. Er gab alles, um sein Ziel zu erreichen – die Errettung der Menschheit.

Wir mögen unsere Erwartungen und Pläne haben, aber alles muss Gottes übergeordneten Plan für unsere Leben unterstellt werden. Unser Kreuz aufzunehmen bedeutet oft, etwas zu tun, was wir wirklich nicht mögen, zum Nutze eines anderen!

Wenn wir Jesus als unseren Herrn annehmen, machen wir ihn zum Herrn über jeden Bereich unseres Lebens. Das ist hart. Viele Menschen leben mit Jesus nur als ihrem Erretter. Das Ergebnis ist ein sehr unbedeutendes Leben mit wenig Frucht und führt zu einer dauerhaften Frustration im geistlichen Leben.

Das Kreuz ist ein wunderbares Zeichen! – Jedes Mal, wenn ich ein Kreuz sehe, werde ich daran erinnert, was Jesus für mich getan hat, und wie mein eigenes Leben war.

Gekreuzigt mit Christus! – Es erinnert mich, mein Kreuz täglich auf mich zu nehmen, meinen eigenen kleinen Plänen und Träumen zu sterben und mich mit Gottes Plan für mein Leben zu verbinden. Das ist kein Leben in Verdammnis oder Bedrückung. Das ist ein Leben im Sieg durch meinen Glauben an Jesus Christus, der durch die Gegenwart des Heiligen Geistes in mir wohnt!

Ich entschied, mich in jenem Sommer ganz dem Geschirr-spülen zu widmen und Gott zu vertrauen, mich mit allem zu versorgen, was für die nächste Missionsreise benötigt würde.

Es war eine schreckliche Arbeit, und ich habe tatsächlich alles daran gehasst. Doch ich tat es, ohne mich zu viel zu beklagen. Als der Sommer sich neigte, begann ich mir wegen der Reisekosten ein wenig Sorgen zu machen. Ich hatte mich ent-schlossen, niemandem gegenüber etwas von meinen Geldnöten zu erwähnen. – Würde das tatsächlich funktionieren?

Einige Wochen vor unserer Abreise überschlugen wir die geplanten Reiseausgaben, mit allem, was uns dazu noch einfiel. Jeder von uns brauchte ungefähr 1.800 Schwedische Kronen. Zu jener Zeit war das eine Menge Geld.

Einige Tage später begann von vielen verschiedenen Quellen Geld zu kommen. Ich erhielt Briefe ohne Absender mit Geld darin. Es wurde mir Geld von Freunden gegeben und sogar von einigen Verwandten. Ich war total begeistert und – eine Woche vor unserer geplanten Abreise – zählte ich 1.850 Schwedische Kronen! Gott hatte mich sogar mit Extrageld für russische Eiscreme versorgt.

Wir fuhren mit einem Auto los, das nicht nur alt war, sondern nach Aussage des Besitzers nicht einmal mehr dazu taugte, in die nächste, zwanzig Kilometer entfernte Stadt Uddevalle zu fahren. Wir waren dankbar, dass uns jemand sein Auto für diese Reise nach Sotschi leihen wollte. Denn das waren mehr als 10.000 Kilometer auf Straßen, die sich nicht mit denen vergleichen ließen, welche wir in Schweden gewohnt waren.

Unser Plan war, Bibeln zu schmuggeln und so vielen Menschen wie möglich von Jesus zu erzählen. Die Reise war erfolgreich, obwohl wir vier Unfälle mit dem Auto hatten, einen davon mit einem Zug in Lvov. Die Straßenbahn fuhr geradewegs in unser Auto! Ich ahnte, dass wir trotzdem beschuldigt würden. – Während dieser Reise lernten wir vieles und erlebten, dass Gott uns manches Mal beistand.

Auch wenn ich die ganze Geschichte hier nicht erzählen kann, möchte ich eines trotzdem noch erwähnen: Der Besitzer des Autos erhielt sein Auto allseits demoliert und kaum fahrbereit zurück. Doch wenn man zu jener Zeit mit dem Auto in die UdSSR fuhr, brauchte man eine spezielle Versicherung, welche alles abdeckte, was überhaupt geschehen konnte. Aus dieser Versicherung erhielten wir eine Menge Geld, mit dem wir den Autohalter segneten. Er war überrascht und sehr glücklich.

4

Mit einem Team durch Schweden

Als wir im August 1980 wieder zurück in Schweden waren, wurde ich gebeten, als Teil eines Teams für ein paar Monate durch Schweden zu reisen, um in Gemeinden und Schulen zu predigen. Wir fuhren vom Süden hoch bis in den Norden. Es war eine großartige Zeit, und ich hatte die Möglichkeit, das Wort Gottes weiterzugeben und mit sehr vielen Menschen über Jesus zu sprechen.

Besonders gut erinnere ich mich an eine Stadt im Süden mit Namen Skanör-Falsterbo. Das war ein gänzlich unerreichtes Gebiet Schwedens, und sehr wenige Menschen waren von Neuem geborene Christen. Wir konnten einen Durchbruch in der hiesigen Schule erleben, und ein paar Jugendliche nahmen Jesus als ihren Herrn und Erlöser an.

Ich glaube noch immer, dass es wichtig ist, der jungen Generation das Evangelium weiterzugeben. Zu meinen Gottesdiensten kommen stets auch junge Menschen. Ich erkenne, wie Gott mich während all der Zeit dafür gebraucht hat, viele von ihnen zu einem radikalen Glauben aufzufordern.

Während jener Zeit des Dienstes lernte ich sowohl viel über Teamwork, als auch im Glauben zu leben. Wir hatten überhaupt kein Einkommen. Die Gemeinden versorgten uns mit Essen und Unterkünften, aber für die Bezahlung aller anderen Kosten mussten wir Gott vertrauen.

Eine der grundlegenden Herausforderungen, die jede von Gott berufene Person bestehen muss, liegt im Bereich der Finanzen. Ich habe so viele Menschen getroffen, die mir erzählten: „Wenn ich doch nur einen Durchbruch in meinen Finanzen hätte – dann würde ich mich aufmachen und die Welt verändern." Als Jesus seine Jünger berief und sie aussandte, gab er ihnen klare Anweisungen „im Glauben" zu gehen – und nicht darauf zu warten, bis für alles gesorgt ist – „Nehmt nichts mit auf dem Weg, weder Stab, noch Tasche, noch Brot, noch Geld." (Lukas 9:1-6) Diese Lektion sollten die Jünger von Anfang an lernen. Ich glaube, Jesus arbeitet auch heute mit den gleichen Prinzipien. Für junge Menschen ist es wichtig, die Glaubensgrundsätze zu erlernen und anzuwenden.

Manchmal bin ich sehr überrascht, wenn ich sehe, wie einige Eltern und Lehrer alles für die Jugendlichen bezahlen, damit sie hinausgehen und Jesus bei kurzzeitigen Einsätzen dienen können. Mit diesem Handeln entziehen wir ihnen zu oft die Möglichkeit, grundsätzliche Glaubensregeln zu erlernen.

Gott hat uns dazu berufen, durch Glauben an ihn das Unmögliche zu tun. Bei den Finanzen scheint es sich um Berge zu handeln, welche die meisten Gläubigen meinen, nicht überwinden zu können.

Ich glaube, Gott möchte, dass wir in jedem Lebensbereich wachsen – „Geliebter, ich wünsche, dass es dir in allem wohl geht, und du gesund bist, wie es deiner Seele wohl geht." (3. Johannes 2) Obwohl dies in vielen Gemeinden ein „sensibles" Thema ist, glaube ich inständig, der Leib Christi in Europa muss diese biblischen Prinzipien hören und anwenden.

Die Gemeinde in Europa steht so sehr unter dem Einfluss von Gnosis und falscher Religion, dass Armut und Leiden als ein Weg zur Heiligkeit und Perfektion angesehen werden. Und das, während Millionen von Menschen wegen des Mangels an finanziellen Mitteln im Leib Christi noch immer nicht mit dem Evangelium erreicht wurden. Gott ist unser Versorger! Wenn du zuerst nach ihm und seiner Gerechtigkeit suchst, wird er dir alles andere hinzufügen (siehe Matthäus 6:33).

Vor einigen Wochen verbrachte ich mit meiner Tochter Magdalena ein paar Tage in den Schweizer Alpen. Wir bestiegen einige Berge und konnten so viele fantastische Ausblicke genießen. Manche Landschaften schienen vollkommen unberührt und noch nie von jemandem erblickt. Ich sann über die Natur und den Charakter Gottes nach. Wie großzügig er mit seiner Schöpfung umgeht! Er hat an nichts gespart. Er schuf eine Vielzahl von wunderschönen Blumen, Tieren, Bergen und Wäldern. Gott war überhaupt nicht kleinlich.

Auch heute verfährt er mit seinen Kindern so. Er wünscht dir, gut zu leben, gut zu essen, gut gekleidet zu sein und gesund zu sein! Du gefällst ihm nicht, wenn du beständig um diese materiellen Dinge kämpfst. Er möchte, dass du ihm vertraust.

Leider dreht sich die „Wohlstandslehre" für gewöhnlich nur um die eigenen Nöte. Menschen sehen allein auf ihre eigenen Finanzen. – Weil Gott ein guter Gott ist, segnet er jeden, der im Glauben lebt. Aber sehr wenige gehen den nächsten Schritt und bringen den Glauben für Kosten von Pionierarbeiten auf.

Als Missionswerk führen wir Projekte in Gebieten der Welt durch, welche noch immer vom Evangelium unerreicht sind. Wir brauchen Versorgung, und Gott versorgt uns. Ich habe festgestellt, dass er meistens nicht durch „wohlhabende Gemeinden" unterstützt, sondern eher durch Gemeinden oder Einzelne, die – manchmal sogar unbewusst – nicht allein auf ihr eigenes Wohlergehen bedacht sind!

So wie alles andere im Reich Gottes, beginnt finanzieller Segen nicht bei uns und soll auch nicht bei uns enden. Jesus sagte, „Ströme lebendigen Wassers" werden aus uns heraus fließen, und dasselbe gilt für die Finanzen. Wir empfangen und geben, bekommen mehr und spenden noch mehr.

5

Hochzeit

1981 erhielt ich die Einberufung zur Armee, und es war Zeit für mich, die „sichere" Umgebung zu verlassen und mich dem wahren Leben zu stellen.

Ich leistete Zivildienst in der Stadt Ankarsrum. Meine Arbeit umfasste den Umgang mit Kindern an einer Schule, und ich war an deren täglichen Ablauf beteiligt. Es war ein guter Ort, meinen Glauben verteidigen zu lernen und mich charakterlich weiterzuentwickeln. Ich musste mein Leben strukturieren.

Meine Wohnung teilte ich mit zwei anderen Männern aus unterschiedlichen Familienverhältnissen. Ich genoss die zusammen verbrachte Zeit und konnte von ihnen einiges lernen. Einer meiner damaligen Mitbewohner ist heute Minister in der schwedischen Regierung sowie Vorsitzender einer großen politischen Partei. Mir wurde in diesem Jahr die Möglichkeit gegeben, meinen Glauben an der Schule mitzuteilen, sowie eine Missionsreise in die UdSSR zu unternehmen.

Während meines Jahres in Ankarsrum traf ich Vivianne! Vivianne war eine gute Freundin aus vergangenen Jahren. Bevor ich errettet wurde, hatte ich mich in dieses wunderbare Mädchen verliebt. Ich erinnere mich, eines meiner ersten ernstlichen Gebete an Gott war, Vivianne möge meine Freundin werden. Ich war fast sechzehn, und Vivianne war fünfzehn.

Im Mai 1977 wurde sie meine Freundin! Ich war so verliebt. Sie war blond und wunderschön und hatte einen wunderbaren Charakter. Leider war meine Gesinnung nicht dementsprechend, und ein Jahr später machte sie mit mir Schluss. Ich war niedergeschmettert.

Drei Jahre später trafen wir uns wieder. Dieses Mal hatte ich mein Leben Jesus übergeben. Sie war schon seit ihrem fünften Lebensjahr gläubig. Jetzt war ich es auch und hatte einen Ruf auf meinem Leben. Am 1. Mai 1982 haben wir geheiratet, und das war und ist weiterhin der glücklichste Tag meines Lebens. Vivianne ist das Beste, was jemals in meinem Leben geschehen konnte.

Wir zogen in ein Dorf namens Rumskulla und bezogen eine Wohnung über einer Kirche. Es war eine großartige Gemeinde in einer schönen Umgebung.

Während unseres ersten Ehejahres unternahmen wir ein paar Missionsreisen. Wir fuhren nach Polen und beförderten Bibeln in die Katholische Kirche. Unter den Katholiken fand eine Erweckung statt, und viele wurden im Heiligen Geist getauft. Wir trafen viele wunderbare katholische Gläubige in Polen und hatten auch die Möglichkeit, sie materiell und mit Bibeln zu segnen.

Ich erinnere mich an eine Gelegenheit, als ich zu einer Konferenz in Zakopane, im südlichen Teil Polens, eingeladen war. Es handelte sich um eine Konferenz für charismatische Katholiken. Ich fuhr zusammen mit einem Freund dorthin, und wir hatten entschieden, ihnen Bücher mitzubringen. Uns war eine Organisation in Schweden bekannt, welche Bücher für Polen druckte. Dort war man damit einverstanden, uns viele

Bücher umsonst zu geben. Sie luden uns zu ihrem Lager in Südschweden ein, und wir durften soviel Material, wie wir wollten, mitnehmen.

Wir bepackten unseren Minibus mit Büchern in polnischer Sprache – in der Hauptsache bestand die Ladung aus vielen Exemplaren desselben Buches. Sobald wir in Zakopane ankamen, trafen wir uns mit den Leitern der Konferenz. Zu unserer Überraschung waren es Nonnen. Wir überreichten ihnen unser Geschenk und gaben jeder der Schwestern eine Box.

Die Titel der Bücher kannten wir nicht. Zudem waren sie nur in polnisch aufgedruckt. Wir erwarteten die Dankbarkeit der Nonnen, aber stattdessen erröteten diese, und die Leiterin wurde sehr aufgebracht. Wir verstanden gar nichts, bis wir den Titel der Bücher erfuhren. Dieser war: „Wie wir durch die Ehe glücklich werden!"

Es war wirklich sehr peinlich, den Nonnen in Zakopane Tausende dieser Bücher zu geben. Einige Jahre später hörte ich, dass die Frage über Zölibat und Dienst in der katholischen Kirche in Polen zu einem Thema geworden war ... vielleicht hatte unser Geschenk Dinge in Bewegung gebracht!

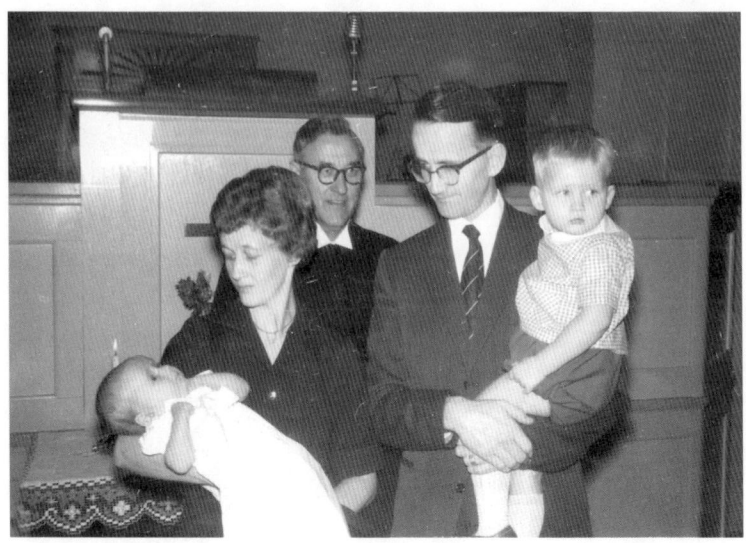

Kindessegnung in der Vänersborger Missionkirche. Mit meinen
Eltern Daghild und Per Arne und meinem Bruder Sven.

Schneeschaufeln in Karlstad.

Als 14-jähriger bei der Teilnahme an dem Wettbewerb eines schwedischen Musikmagazins. Wir gewannen den zweiten Platz!

Als Teenager mit meiner Bassgitarre.

Der Rote Platz in Moskau.

Das im Herbst 1980 für unsere
Missionsreise nach Sotchi, UdSSR, gebrauchte Auto.

Bengt und Vivianne (rechts) 1977.

Unsere Trauung in der Ekenässjöner Missionskirche am 1.5.1982.

Die Tabor-Gemeinde in Rumskulla. Über dem Gemeindesaal war unsere erste Wohnung, nachdem wir geheiratet hatten.

Bengt und Vivianne vor dem Haus unseres Teams in Wien, 1983. Die Werbetafel zeigte manchmal interessante Aufschriften!

6

Hinaus auf's Missionsfeld

Ein Jahr nach unserer Hochzeit, im Juni 1983, gingen wir auf das Missionsfeld! Finanziell wurden wir zum Teil von der Gemeinde in Rumskulla unterstützt.

Die slawische Mission in Schweden hatte uns gebeten, eine geheime Arbeit für sie zu übernehmen. Ihr Hauptsitz war in Wien. Unsere Mission sollte darin bestehen, Bibeln und Literatur in die kommunistischen Länder zu schmuggeln.

Für uns war es sehr aufregend, hinaus auf's Missionsfeld zu gehen. Ich erinnere mich daran, wie wir uns mit Freunden und Verwandten trafen, um eine Abschiedsparty zu feiern. Wir teilten ihnen mit, wir würden für mindestens zehn Jahre fortgehen. Wir waren jung, ziemlich blauäugig und wussten nicht so recht, was wir zu erwarten hatten. Wir packten unsere Siebensachen zusammen. Manches nahmen wir mit und fuhren hinunter nach Wien. Doch unser dortiges Haus war kein Traum ... eher ein Alptraum.

In diesem Haus lebten wir mit einigen verheirateten Paaren und Singles zusammen. Unsere guten Freunde Michael und Tina Lundin hatten schon ein paar Wochen in dem Haus verbracht. Wir waren sehr glücklich, sie wiederzusehen. Jedoch aufgrund äußerer Umstände mussten sie leider gerade einen Tag nach unserer Ankunft für einige Wochen nach Schweden zurückkehren. Das war für uns entmutigend, und wir erkannten, das Leben in Wien würde eine Herausforderung sein.

Eine unserer ersten Erfahrungen auf dem Missionsfeld ergab sich aus einer sehr tragischen Situation. Ein Mädchen von einer anderen Missionsgesellschaft in Wien, welche eine ähnliche Tätigkeit wie die unsere verrichtete, war mit einer weiteren Missionarin in die Innenstadt Wiens gegangen. Plötzlich bekam sie eine Art Nervenzusammenbruch und rannte mitten auf die Straße. Es war eine sehr verkehrsreiche Straße, und sie hätte leicht überfahren werden können. Das war ein Schock für uns alle, besonders für Vivianne und mich, die wir doch gerade erst vor einigen Tagen angekommen waren.

Ihre Leiter wollten sie für eine Weile zur Erholung in einem anderen Haus unterbringen. Sie redeten mit unserem Teamleiter, und es wurde beschlossen, dass sie in unserem Haus wohnen konnte, da wir ein freies Zimmer hatten.

So verwendeten Vivianne und ich während unserer ersten Tage in Wien viel Zeit darauf, mit diesem Mädchen zu reden. Ihre traurige Vergangenheit berührte unsere Herzen sehr. Ihre Mutter war eine Hexe und hatte versucht, sie als Kind zu töten. Nach einigen Jahren in Drogen und im Okkulten hatte sie Jesus als ihren Herrn und Erretter angenommen. Sie wurde eine radikale Christin und wollte Jesus mit ihrem Leben dienen. Schließlich kam sie nach Wien, um als Missionarin zu arbeiten. Sie litt immer noch unter ihrer Vergangenheit und war eine Gefangene, obwohl sie versuchte, durch die Arbeit auf dem Missionsfeld davon freizukommen. Wir beteten für sie und versuchten ihr zu helfen, soweit unsere Erkenntnis reichte.

Es war schlimm zu sehen, wie sie von ihren Leitern behandelt wurde. Sie teilten ihr auf recht harte und unsensible Weise mit, dass die Ursache ihres Problems nur ihr Fleisch und ihre Gefühle wären. Wir erkannten, das Missionsfeld bedeutet nicht im Paradies zu sein ... sondern eher auf dem Schlachtfeld.

Auch stellten wir fest, es gibt unter vielen Missionaren eine Verständnislücke über geistliche Dinge. Sehr wenige sind im Heiligen Geist getauft und stehen sogar gegen die entsprechende Lehre. Das überraschte uns sehr. Ich denke, wir hatten erwartet, die wirklich geistlichen Menschen auf dem Missionsfeld anzutreffen.

Weil Wien nahe an Osteuropa, dem ehemaligen kommunistischen Block, liegt, gab es zu dieser Zeit dort viele Missionsbüros. Die meisten arbeiteten verdeckt. Offiziell waren sie mit lokaler Arbeit in Wien beschäftigt, aber ihre wahre Tätigkeit waren Missionen in die kommunistischen Länder.

Außerhalb Wiens leisteten wir unsere lokale Arbeit bei einem Flüchtlingslager namens Traiskirchen.

Das Lager beherbergte Hunderte von Flüchtlingen aus ganz Osteuropa und Asien. Dies stellte eine sehr gute Möglichkeit dar, ihnen das Evangelium mitzuteilen. Es war einfach großartig zu erleben, wie einige von ihnen während unserer dortigen Zeit Jesus empfingen. Noch heute stehen wir im Kontakt mit einem Mann aus Nordvietnam, der während dieser Zeit zusammen mit einem Freund Jesus annahm.

Sechzehn Jahre nachdem wir Wien verlassen hatten und nach Jönköping umgezogen waren, trafen wir diesen Mann und seine schwedische Frau wieder! Nun hatten sie zwei Töchter im selben Alter wie unsere beiden jüngeren Mädchen, welche gute Freunde wurden.

Unser Teamleiter stammte aus Schweden, hatte schon Erfahrung mit anderen Missionseinrichtungen und war schon seit einigen Jahren mit der slawischen Mission vertraut. Sein Name war Sven Svensson. Hierbei handelte es sich aber nur um einen Decknamen. Wir trugen alle Pseudonyme. Mein Name war John Olsson, und Vivianne hieß Sara Olsson. Decknamen wurden benutzt, damit unsere Freunde hinter dem eisernen Vorhang niemals unsere wahre Identität aufdecken konnten, falls sie nach unseren Besuchen von der Geheimpolizei verhört würden, was regelmäßig geschah.

Auch im Umgang mit unseren Missionsfreunden in Wien benutzten wir die falschen Namen. Das konnte ein wenig Verwirrung anrichten. Ich erinnere mich an eine Begebenheit, als wir Besucher aus Schweden in unserem Haus hatten, und Freunde aus Wien uns im Beisein unserer schwedischen Freunde mit John und Sara ansprachen ... ziemlich peinlich! Es ist nicht leicht, verdeckt zu arbeiten, und ich hinterfrage noch immer einige „Prinzipien", denen wir folgten.

7

Hinter dem eisernen Vorhang

Regelmäßig reisten wir nach Ungarn, Rumänien und Jugoslawien. Dafür benutzten wir ein „besonderes" Auto. Es war umgebaut worden, um in unauffälligen Hohlräumen Litcratur verstecken zu können.

Jedes Mal war es sehr riskant, wenn wir innerhalb der kommunistischen Länder unseren Wagen ausluden. Hätte die Polizei herausgefunden, dass das Auto für den Schmuggel von illegaler Ware benutzt würde, hätten wir im Gefängnis landen können.

Die Zollbeamten an den Grenzen waren sich dieser Art illegaler Aktivitäten sehr wohl bewusst. Einige Male waren wir ganz nahe daran, erwischt zu werden.

An eine Begebenheit erinnere ich mich besonders. Ich hatte viele Bücher nach Rumänien gebracht und mich in Medias mit Pastor Benjamin Cocar getroffen. Er war einer der unbekannten Helden jener Zeit und leitete eine starke Gemeindearbeit in Medias. Es handelte sich um charismatische Baptisten im Untergrund, die sich in einer Zeit der Erweckung und unter ernstlicher Verfolgung befanden. Die Securitate (rumänischer KGB) hielt den Pastor unter ständiger Beobachtung. Sie hatten einige Male versucht, ihn durch arrangierte Autounfälle zu töten, es aber nicht geschafft, ihm die Entschlossenheit zu nehmen. Es war jedes Mal eine Ehre, Benjamin zu begegnen und zu hören, was Gott inmitten all dieser Bedrängnisse tat.

Während der Jahre unseres Wirkens hinter dem eisernen Vorhang sind wir so vielen dieser Helden begegnet. Es waren einfache Menschen mit einer Leidenschaft und Liebe für Jesus und für ihr Volk.

Verfolgung lässt solche Helden wie Benjamin hervorkommen. Sie müssen sich entscheiden, alles für Jesus zu geben und nichts zurückzuhalten. Mit solchen Menschen zu sprechen, war eine Inspiration, mit der eigenen Arbeit fortzufahren und willens zu sein, den notwendigen Preis zu zahlen.

Als ich Benjamin diesmal besuchte, sagte er mir, er würde meine Hilfe bezüglich einiger Manuskripte benötigen. Er bat mich, sie aus Rumänien herauszubringen. Es handelte sich um ein vom Englischen ins Rumänische übersetztes Buch – Lehre über Glauben, welche einen besonderen Segen für Rumänien bedeuten würde. Ich erkannte den Titel des Buches und versprach, es mitzunehmen. Im Westen sollte eine hohe Auflage dieses Buches gedruckt und diese dann nach Rumänien geschmuggelt werden.

Es war genauso gefährlich, Manuskripte zu schmuggeln wie Bücher. Ich entschied mich, sie am Körper zu tragen, und war mir des Risikos einer Leibesvisitation im Falle eines Verdachts des Zollbeamten bewusst. Spät in der Nacht kamen wir zur Grenze zwischen Rumänien und Jugoslawien. Manchmal war es leichter, die Grenze in der Nacht zu überqueren, weil das Zollpersonal dann zu müde oder zu betrunken war, als dass es sie gekümmert hätte, wer über die Grenze ging.

Dieses Mal war es anders. Der Zollbeamte war betrunken, aber trotzdem sehr misstrauisch. Er ging geradewegs auf mich zu und schrie: „Wo ist es? Ich weiß, dass du etwas vor mir versteckst!"

Manche dieser Beamten waren voll des Teufels, dessen bin ich mir sicher. Ich wusste, er hatte erkannt, dass ich etwas vor ihm versteckte. Ich hatte Angst!

Über eine Stunde ging er um mich, das Auto und unsere Mitarbeiter herum. Er versuchte, uns Angst einzuflößen und uns so zum Reden zu bringen. Schließlich kam er zu mir und wollte seine Hand ausstrecken, um meinen Körper abzusuchen, doch er konnte mich nicht berühren!

Ich fühlte eine starke Präsenz auf mir. Diese Gegenwart konnte er nicht durchbrechen, um mich zu berühren. Ich war ausgesprochen begeistert. Er schaute mich ängstlich an und schrie: „Verschwindet!" Wir gingen zum Auto und versuchten, es anzulassen. Es sprang nicht an! Da schoben wir unser Auto mit den Händen über die Grenze! Auf der anderen Seite sprang es an, und ich begriff, der Teufel war wegen jener Manuskripte in der Tat sehr nervös.

Wir fuhren heim nach Wien, und sofort fragte ich Vivianne, die zuhause geblieben war, was in der Nacht zuvor geschehen war. Sie teilte mir mit, der Heilige Geist wäre zwischen 23 und 24 Uhr auf sie gekommen, und sie hätte stark im Geist für uns gebetet. Ich überprüfte die Zeit und stellte fest, es war genau die Stunde, in der wir an der Grenze fast geschnappt worden wären!

In den ganzen Jahren habe ich immer wieder ähnliche Dinge erlebt. Gott schickte seine Engel, um mich in schweren, gefährlichen Situationen zu beschützen, und später hörte ich, wie der Heilige Geist Gläubige dazu gebracht hatte, für mich zu beten. Das hat mein Leben ein paar Mal gerettet.

Immer mehr verstanden wir die Wichtigkeit der Hilfe des Heiligen Geistes bei einer Arbeit wie dieser. Leider stehen die meisten Missionsgesellschaften genau dem entgegen.

Bei einem meiner Besuche in Rumänien brachte ich viel Literatur zu einem Pastor in Bukarest. Er schaute auf die Bücher und begann zu weinen. Zuerst dachte ich, er wäre glücklich und berührt, erkannte aber dann, dass er traurig war. „Warum hast du diese Art von Literatur mitgebracht?" fragte er. „Wir müssen nicht noch mehr über Leiden und Unglauben wissen! Wir brauchen Bibeln und Bücher, welche unseren Glauben erbauen! Wir benötigen Bücher über Sieg, überwindenden Glauben, Zeichen, Wunder und Machttaten!"

In Gegenwart dieses Gottesmannes fühlte ich mich beschämt. Gott sprach durch diesen Pastor zu mir. Ich ging zurück nach Wien und teilte unserem Leiter mit, was mir der Pastor in Bukarest gesagt hatte, und um welche Art von Literatur er gebeten hatte.

Unser Leiter regte sich sehr auf! „Derartiges Material dorthin zu bringen, könnte eine Katastrophe sein", entgegnete er. Ich sagte ihm, die Katastrophe beträfe doch eher den Teufel!

Zu dieser Zeit bekam ich Kassetten eines schwedischen Pastors namens Ulf Ekman. Bevor wir nach Wien gingen, hatte ich ihn einmal predigen gehört, und ich mochte seinen Geist.

Jetzt verwendete ich viel Zeit darauf, seine Lehre zu hören. Es half mir zu sehen und zu verstehen, was vor sich ging. Ich wusste, wir mussten bekommen, was er hatte, wenn wir auf dem Missionsfeld erfolgreich sein wollten.

Mir wurde gesagt, Ulf hätte eine Bibelschule in Uppsala begonnen. So redeten wir darüber, nach Schweden zurückzukehren, und bereiteten uns auf ein Jahr Bibelschule vor.

8

Unser erstes Kind

Ende des Sommers 1983 erhielten wir die gute Nachricht, dass Vivianne mit unserem ersten Kind schwanger wäre. Das war so wunderbar, und wir waren äußerst glücklich!

Die ersten Schwangerschaftsmonate gestalteten sich sehr schwierig. Vivianne wurde ernsthaft krank, und fast verlor sie unser Baby. Als ich eines Tages unterwegs und Vivianne zuhause in Wien war, setzten bei ihr Blutungen ein. Etwas lief falsch.

Als wir uns entschieden, hinaus auf's Missionsfeld zu gehen, hatte ich nie über die Notwendigkeit einer Krankenversicherung nachgedacht. Jetzt brauchten wir wirklich eine. Ich hätte dafür Verantwortung übernehmen müssen. Jetzt war sie alleine in Wien und dabei, unser Baby zu verlieren.

Glücklicherweise hatten wir Freunde, die ihr beistanden, und Gott öffnete die Tür zu einem christlichen Arzt, der ihr ohne Honorar half und versprach, sie für den Rest ihrer Schwangerschaft weiterzubehandeln. Durch Dr. Foss rettete Gott unsere Tochter Rebecka! Gott ist gut – trotz meiner Fehler half er uns.

Im Frühling trug uns Gott auf, nach Schweden zurückzukehren und uns auf etwas Größeres einzustellen. Unsere Zeit in Wien war vorbei, und Gott wollte für uns Neues. Nach einem Jahr verließen wir Wien und freuten uns auf unser erstes Kind.

Wir hatten keinen Ort, wo wir bleiben konnten und kein Einkommen. Vivianne's Eltern luden uns ein, in ihrem Haus zu wohnen, bis wir eine eigene Unterkunft hätten. Wir fanden eine alte Wohnung auf dem Lande bei Ekenässön und zogen dort eine Woche nach der Geburt unserer Tochter Rebecka ein. Dieses kleine Mädchen war eine Schönheit! (Sie ist es noch immer, genau wie ihre Mutter.) Rebecka wurde am 8. Mai 1984 geboren. Ich fand eine Arbeit, und wir entschieden, dort ein Jahr zu wohnen, ehe wir zur Bibelschule nach Uppsala gingen.

Blicke ich heute auf unser erstes Ehejahr zurück, wünschte ich, vieles anders gemacht zu haben. Vivianne hätte nicht durch solche Unsicherheit gehen müssen, als wir Rebecka fast verloren. So etwas geschieht im Leben. Wir versagen oft darin, unsere Verantwortung zu übernehmen. Doch weil Gott gnädig und gütig ist, hilft er uns heraus! Dies dürfen wir aber nicht zum Anlass nehmen, vor unserer Verantwortlichkeit wegzulaufen.

In meinem Dienst habe ich festgestellt, manchmal benutzen wir „Glauben" als Flucht vor einem verantwortungsbewussten Leben. Glaube ist kein Entrinnen von der Wirklichkeit. Vom Standpunkt des Glaubens aus müssen wir der Realität ins Auge sehen und das Nötige tun. In Christus vermögen wir alles!

Ein Diener Jesu zu sein bedeutet keinesfalls, der Wirklichkeit nicht begegnen zu müssen. Du musst sogar mehr Problemen entgegensehen als Menschen, die nicht an Jesus glauben! Zuerst hast du dich um deinen Haushalt zu kümmern. Danach sollst du die Welt gewinnen. Und dies alles auf eine Weise, welche unserem Herrn Jesus gefällt! Diese Aufgabe ist selten einfach.

Heute frage ich alle, die auf's Missionsfeld gehen: „Wie steht es um deine Krankenversicherung? Hast du Unterstützung? Wie steht es mit der Ausbildung für deine Kinder?"

Das ist kein Unglauben! Auf diese Weise benutzt man seinen von Gott gegebenen Verstand.

9

Das ehemalige Jugoslawien

Im Herbst 1985 zogen wir nach Uppsala. Vivianne und ich hatten den ganzen Sommer hindurch Nachtschichten geleistet, um Geld für die Bibelschule anzusammeln. Ich habe schon immer geglaubt, wir müssen unseren Teil erfüllen, dann wird Gott das Seinige tun.

Gleich am ersten Tag in Uppsala trat ich einen Job bei der Möbelfabrik „Möbler & Slöjd" an. Diese lag direkt neben der Bibelschule. Es war ein Segen, und mir wurde zugesagt, ich könnte soviel Arbeit bekommen, wie ich wollte. Es war eine harte, aber großartige Arbeit, welche mir die meiste Zeit gefiel. Ich arbeitete ein ganzes Jahr vollzeitlich und studierte halbtags.

Wir mochten den Unterricht sehr. Aber ich denke, sogar noch wichtiger als die Lehre war der Geist des Glaubens und des Durchbruchs, welcher in der und durch die Bibelschule und Gemeinde wirkte. Ich weiß, dass ich manchmal empfand, es sei sogar möglich, eine ganze Nation zu verändern! Noch immer ist dies in meinem Geist! Der Unterschied liegt darin, dass ich es inzwischen erlebt habe.

Der Geist des Glaubens ist solch ein wunderbares, wertvolles Geschenk an uns Gläubige. Die Bibel berichtet davon, dass Kaleb einen anderen Geist als seine Gefährten hatte. Er besaß den Geist des Glaubens und des Durchbruchs. Diese Gabe ist für jeden Nachfolger Jesu verfügbar. Sie ist sogar Teil unseres neuen Wesens.

Wir hatten uns entschieden, nur ein Jahr zu bleiben und dann irgendwo mit der Missionsarbeit fortzufahren.

Als sich das Schuljahr dem Ende neigte, wurde ich zu einem Treffen mit dem Missionsdirektor der Gemeinde eingeladen. Er hatte von meiner vorherigen missionarischen Tätigkeit gehört, und bot mir nun die Möglichkeit an, ein Team von Bibelschülern auf eine Missionsreise mitzunehmen. Dies erkannte ich als Führung des Heiligen Geistes, nahm das Angebot an, und begann mit den Vorbereitungen für den Einsatz.

Ich entschied, wir sollten nach Jugoslawien gehen, um dort Straßenarbeit zu leisten. Zu jener Zeit war diese Art des Dienstes in Jugoslawien vollkommen verboten, aber ich hatte das Verlangen zu erleben, ob das in der Bibelschule Erlernte auf dem Missionsfeld funktionierte.

Unser Team umfasste sechs Personen, und wir fuhren in einem Kleinbus nach Dubrovnik. Ich hatte keinerlei Kontaktadressen, und so war es für uns ein Schritt im Glauben.

Sofort nach unserer Ankunft gingen wir in die Altstadt, Stari Grad, und begannen, Gott mit Gitarren und Gesang anzubeten. Viele Menschen blieben stehen und hörten uns zu. Wir teilten ihnen das Evangelium mit, und es war fantastisch zu sehen, wie offen sie es entgegennahmen.

An diesem ersten Abend war ein Ehepaar unter den Zuhörern. Als diese beiden unsere Lieder hörten, begannen sie zu weinen. Sie hießen Jacob und Kay und waren erst kürzlich von den USA nach Dubrovnik gezogen, als Missionare ausgesandt. Beide stammten ursprünglich aus Jugoslawien, waren aber viele Jahre zuvor in die USA emigriert. Sie wurden in den USA errettet und besuchten eine Bibelschule. Jetzt befanden sie sich auf ihrer ersten Mission. Wir wurden gute Freunde, und sie betrachteten uns als Gebetserhörung. Während unserer Zeit in Dubrovnik konnten wir erleben, wie viele Menschen Jesus annahmen.

Eines Abends nahm uns Jacob in eine Pizzeria in Dubrovnik mit und stellte uns einem Mann vor, der als hingegebener Moslem gerade zum Christentum konvertiert war. Sein Name war Šicko. Als ich ihn traf, wusste ich in meinem Herzen, Gott wollte uns mit ihm zusammenbringen.

Ein paar Monate später, bei unserer zweiten Reise, lud ich ihn zu uns ein. Er reiste mit nach Schweden, und es entstand eine Freundschaft, die all die Jahre überdauert hat. Ich wusste, Gott hatte eine Berufung auf seinem Leben.

Heute leitet er eine Gemeinde in Zagreb. Diese ist die größte freie Gemeinde im ehemaligen Jugoslawien. In ganz Kroatien hat er Gemeinden gegründet und predigt zweimal in der Woche im Fernsehen. Noch immer ist er ein guter Freund von mir, und ich predige regelmäßig bei verschiedenen Konferenzen in Kroatien.

Während der vergangenen Jahre habe ich Folgendes erfahren: Sobald wir willens sind, Jesus zu folgen und dahin zu gehen, wohin er uns führt, treffen wir auf vorbereitete Werke. Es ist so begeisternd, in seinen gebahnten Wegen zu gehen.

10

Bewahrung am „Blumenplatz"

Nachdem wir einige Zeit in Dubrovnik verbracht hatten, fuhren wir nach Zagreb. Heute ist Zagreb die Hauptstadt von Kroatien. Doch um 1986 war es noch die zweitgrößte Stadt in Jugoslawien. Schon einige Male zuvor war ich durch Zagreb gereist, hatte dort aber eigentlich noch keinen Dienst verübt.

Dieses Mal hatten wir Kontakt zu einigen charismatischen Gläubigen in der katholischen Kirche. Ich plante, ähnlich wie in Dubrovnik vorzugehen. Schon am ersten Abend baten wir unsere Freunde in Zagreb, uns ins Herz der Stadt zu bringen.

„Warum?", fragten sie uns. „Wir möchten, dass ihr hier bei uns seid. Wir können beten, prophezeien und eine gute Zeit verbringen. In die Innenstadt zu gehen und Jesus zu verkündigen, ist nicht nur verboten … es ist gefährlich!", teilten sie uns mit. „Die Polizei wird kommen und euch festnehmen. Vielleicht werden sie euch ins Gefängnis werfen. Wir sind in Jugoslawien … nicht in Schweden."

Trotzdem beharrte ich darauf, uns in die Stadt zu geleiten. „Das ist meine Prophetie für euch", sagte ich ihnen.

Sie baten uns, sensibler mit ihrer Situation umzugehen und sorgfältig darauf zu achten, nicht im Stolz zu handeln. Ich entgegnete, wir seien nicht aus Stolz gekommen, sondern weil in unseren Herzen Gottes Feuer brenne.

Schließlich brachten sie uns zum „Blumenplatz" in der Innenstadt. Das ist ein wunderschöner zentraler Ort, der immer voller Menschen ist. Unsere katholischen Freunde versteckten sich hinter einigen Statuen, und wir begannen Jesus anzubeten.

Wir hatten ein paar Schauspielstücke vorbereitet, welche das Evangelium eindrücklich darstellten. Wir gaben alles, was wir hatten, und viele Menschen kamen zusammen. Ich predigte das Evangelium, und schon am ersten Abend reagierten viele auf die Einladung, Jesus als Herrn und Erretter anzunehmen. Ich sah die Polizei um den Platz herumgehen, aber sie griff nicht ein.

Eine ganze Woche blieben wir an diesem Platz. Nach dem ersten Abend entschieden die Katholiken, sich uns anzuschließen. Sie waren begeistert zu sehen, wie es möglich war, das Evangelium sogar in ihrer Situation öffentlich weiterzugeben.

Nach Aussage von Christen, die wir trafen, war es das erste Mal in modernen Zeiten, dass das Evangelium öffentlich in Jugoslawien verkündet wurde. Dieses hatte eine sehr positive Auswirkung auf die Gläubigen, mit denen wir zusammen arbeiteten. Sie selbst handelten später kühner, und ich glaube, für viele war dieses der Anfang eines Durchbruchs in ihrem christlichen Leben.

Am letzten Abend unserer Versammlungen am Blumenplatz war es brechend voll. Die Menschen waren total begeistert über das, was geschah. Für sie verkörperten wir Freiheit in einer neuen Art. Wir beteten Jesus zusammen an, und ich predigte. Danach beteten wir um Errettung und Heilung für die Menschen. Am Ende führte ich die Menge in eine Proklamation, Jesus sei Herr über Zagreb und Jugoslawien. Menschen riefen den Namen Jesus über den ganzen Platz. Unmittelbar vor Abschluss unseres Einsatzes kam ein Polizist angerannt und ergriff meinen Arm.

„Was machst du da?", schrie er mich an. „Es ist dir nicht erlaubt, das zu tun. Ich werde euch alle auf's Revier bringen", brüllte er. Die Menge sah dieses, und sie begann, gegen den Polizisten anzuschreien. Sie vertrieben ihn, und er tat nichts gegen uns. Danke, Jesus!

Wir fuhren nach Schweden zurück, und ich begann mit der Planung unserer nächsten Reise. Einige Tage nachdem wir Zuhause angekommen waren, erhielt ich einen Anruf von einem Mann mit Namen Kjell Sjöberg. Er war ein bekannter schwedischer Prophet und Pastor. Ich war über seinen Anruf erstaunt. Er sagte mir, er hätte mir etwas mitzuteilen.

Ein Jahr zuvor hatten Kjell und ein Team Gläubiger aus verschiedenen Teilen der Welt eine Gebetsreise durch Europa unternommen. Gott hatte ihnen aufgetragen, eine Erweckung in verschiedenen Städten vorzubereiten. Darunter war auch Zagreb. Der Heilige Geist hatte sie in die Innenstadt geführt, und sie beteten und taten Fürbitte an einem Ort namens „Blumenplatz"! Sie empfingen das prophetische Wort, dass sie den Weg für junge Leute aus Schweden vorbereiteten, welche das Evangelium kühn predigen würden. Sie beteten um Bewahrung für den ganzen Platz und stellten Engel zum Schutz auf! Es begeisterte mich völlig, dies zu hören, und ich erzählte Kjell, was wir gerade erlebt hatten. Er war außer sich vor Freude, und ich hörte, wie er später diese Geschichte weitergab. Zwischenzeitlich ist Kjell zum Herrn gegangen. Gott gebrauchte ihn mit seinem Wissen über Gebet und geistlicher Kriegsführung in der ganzen Welt.

Ich glaube, wenn die Dienstgaben – Apostel, Prophet, Evangelist, Lehrer und Hirte – zusammenarbeiten und sich gegenseitig mit ihren Fähigkeiten und Salbungen unterstützen, wird Außergewöhnliches in dieser Welt geschehen.

Es ermutigte mich sehr zu wissen, dass wir in Gebiete gingen, welche für eine Heimsuchung Gottes vorbereitet waren. Das geschah 1986.

Am 11. November 1986 brachte Vivianne unseren Sohn Joel zur Welt. Das war eine solche Freude! Er war ein hübscher Junge voller Leben, und das ist er bis heute.

In den folgenden Jahren unternahm ich so manche Reise nach Jugoslawien. Wir konnten erleben, wie viele Menschen Jesus annahmen und Türen weiterhin aufgingen. Als wir einmal nach Dubrovnik zurückkehrten, hatten Jacob und Kay ein Programm für uns zusammengestellt. Wir waren eingeladen, im „Palace Hotel" zu predigen und zu singen. Zu jener Zeit war dieses das größte und angesehenste Hotel in Dubrovnik. Am Tag vor unserer „Darbietung" traf ich den Direktor, und er teilte mir mit, er hätte dieses Ereignis allen Gästen angekündigt, und er nannte es „Ein Abend mit schwedischer Folklore". Ich schaute ihn an und lächelte. Ich hatte schon gelernt, dass wir bereit sein müssen, „alles für jeden" zu sein, um Menschen für das Reich Gottes zu gewinnen. Die gute Nachricht erzählte ich gleich meinem Team. Dieses Mal waren wir fünfzehn Leute. Am Anfang waren sie nicht begeistert, aber ich teilte ihnen mit, dies sei eine Tür, welche Gott für uns geöffnet habe.

Kurz vor dem Ereignis wurde mir gesagt, der Theaterraum des Hotels würde mit Menschen gefüllt sein, aufgrund einer Konferenz, die während jener Tage stattfand. Jeder Teilnehmer hatte eine persönliche Einladung zu unserer Veranstaltung bekommen. Die Konferenz war vom Ministerium für Bildung angesetzt worden. Oberstudiendirektoren, Professoren, Schulleiter und der Bildungsminister würden anwesend sein, hunderte einflussreicher Menschen aus der ganzen Nation kamen.

Das stellte eine kleine Herausforderung für uns und das Team dar. Wir bereiteten ein paar Lieder vor, und erstaunlicherweise hatte ein Junge seine Geige mitgenommen. Wir arbeiteten auch ein Schauspiel aus, welches den Tod und die Auferstehung Jesu zeigen sollte.

Wir führten dies den Gästen vor und ernteten Standing Ovations! Nach dem Schauspiel sagte ich einige Worte zum Evangelium, und ich sah Tränen in vielen Augen.

Alles verlief wunderbar, bis ein Bruder aus Dubrovnik darauf bestand, am Ende etwas sagen zu wollen. Ich stimmte zu. Er nahm das Mikrofon und zu meiner großen Überraschung begann er damit, die Menschen bezüglich ihres Glaubens an den Kommunismus zu konfrontieren. Ich wusste, er hatte einen großen Fehler gemacht, und versuchte ihn aufzuhalten, aber es war schon viel Schaden angerichtet worden.

Manche der Delegierten waren richtig aufgebracht, und sie gingen zur Polizei. Am nächsten Morgen musste ich zusammen mit Jacob auf's Polizeirevier kommen. Sie wiesen uns an, die Stadt zu verlassen.

Wenn wir Menschen dienen, die noch nie zuvor das Evangelium gehört haben, sollten wir die richtigen Worte finden. Wir besitzen nur die Autorität und das Recht, die gute Nachricht von Jesus weiterzugeben. Während all der Jahre war ich versucht, öffentlich über Angelegenheiten zu sprechen, die zwar wahr sein mögen, aber außerhalb dessen liegen, zu dem Gott mich berufen hat. Wir müssen die Herzen der Menschen gewinnen.

Der Bruder in Dubrovnik handelte aus seiner Frustration heraus. Das ist immer zum Scheitern verurteilt.

Trotzdem kamen die Menschen nach diesem Auftritt in Dubrovnik zu uns, und ich erinnere mich besonders an einen Professor aus der Musikakademie von Belgrad, der von der Aufführung sehr angerührt war. Er sagte: „Das habt ihr wunderbar gemacht! Noch niemals habe ich solch einen ‚Fluss' in der Musik, im Gesang und in der Darbietung erlebt!" Ich denke, das war sehr ermutigend zu hören.

Noch immer weiß ich nicht, wie viele der Delegierten Jesus annahmen und was danach geschah, aber ich bin überzeugt, Gott öffnete diese Tür der Gelegenheit, um das Evangelium dem gesamten Bildungssystem des kommunistischen Jugoslawiens zu verkünden.

Dann fuhren wir weiter nach Zagreb, und auch dort wurde ich zum Polizeirevier beordert. Sie gaben uns 24 Stunden, um das Land zu verlassen!

Davon hörte die katholische Kirche; sie ergriff Partei für uns und kritisierte das Verhalten der Polizei. Sie druckte einen Artikel in ihrer größten Zeitschrift, was dazu führte, dass mir viele Türen geöffnet wurden, um in den katholischen Kirchen des ganzen Landes zu dienen. In den kommenden Jahren besuchte ich einige der größten Kathedralen Jugoslawiens und war frei, dort das volle Evangelium zu predigen. Viele Menschen nahmen Jesus als ihren Herrn und Erretter an. Wenn Gott eine Tür öffnet, kann sie niemand verschließen!

11

Satanisten in Skopje

Ein Großteil unserer Tätigkeit in Jugoslawien war echte Pionierarbeit. Zu jener Zeit war dieses Land die am wenigsten evangelisierte Nation Europas. Obwohl der Kommunismus weniger extrem als in den Nachbarländern wie Bulgarien und Rumänien gelebt wurde, war doch die Kontrolle und der Widerstand gegen das Evangelium genauso stark.

Wir bereisten das ganze Land, und in einem Sommer kamen wir nach Skopje, der Hauptstadt Mazedoniens. Ich hielt mich dort mit einem Team der Bibelschule aus Uppsala auf. Unser Auftrag war, neues Land für Jesus einzunehmen und das Evangelium zu predigen.

Es gab eine kleine evangelikale Gemeinde, welche keine Absicht hatte, sich in das einzugeben, was wir vorhatten. Ein reizendes Ehepaar – Sascha und Maria – kam trotzdem mit. Sie erklärten uns die Sachlage, und dass niemand jemals dort einen Openair-Gottesdienst durchgeführt hätte. Wir sagten ihnen, dies sei aber genau das, was wir beabsichtigten. Sie waren begeistert und wollten helfen. Wir fanden einen guten Platz, an dem sich abends besonders viele junge Menschen trafen. Wir begannen Jesus anzubeten und zeigten unser Schauspiel. Viele Menschen kamen zusammen, und ich begann mit der Predigt des Evangeliums. Hier waren die Menschen sehr offen.

Viele empfingen Jesus, und wir empfanden, dass es die richtige Zeit war, in Skopje zu sein.

Nach wenigen Abenden kreuzten Unruhestifter auf, um die Veranstaltung zu stören. Satanisten kamen und versuchten uns aufzuhalten. Sie verfluchten uns und taten alles, um Menschen daran zu hindern, Jesus anzunehmen. Doch ihr Handeln blieb ohne Erfolg.

Eines Abends trug Gott mir auf, zum Anführer der Satanisten zu gehen und ihn zu fragen, ob ich für ihn beten dürfte. Das tat ich, und der junge Mann sah sehr überrascht aus.

„Ich weiß, wer du bist", sagte er. „Du bist dieser ****-Prediger. Was willst du?"

„Ich möchte für dich beten", teilte ich ihm mit.

„Warum?", fragte er.

„Weil ich dich liebe", entgegnete ich. „Gibt es irgendein Problem, bei dem du Hilfe brauchst?"

Nach einem Augenblick sagte er: „Ich habe ein Problem mit meinen Augen, und falls du beten willst, tu es!"

„Okay", sagte ich, „aber ich möchte dir dazu meine Hände auflegen." Er stimmte zu. Mittlerweile waren auch seine Anhänger aufmerksam geworden.

Als ich ihm meine Hand auflegte, empfand ich, als würde etwas in meinem Inneren explodieren. Ich schrie in Zungen, und der Satanist wurde durch eine unsichtbare Macht zurückgeworfen. Er fiel drei Meter entfernt hin und lag zitternd auf dem Boden. Dann sprang er wie ein Basketball auf und nieder. – Ich war mit ihm geflogen und an seiner Seite gelandet. Meine Hand ruhte noch immer auf seinem Kopf. Noch nie zuvor hatte ich so etwas in meinem Leben erfahren. Es fühlte sich an, als würde Feuer durch meine Hand schießen.

Wir lagen fünfzehn oder zwanzig Minuten am Boden, und ich hörte, wie der junge Satanist begann, nach Jesus auszuschreien. Tränen liefen ihm das Gesicht hinunter, und er rief nach Jesus und dessen Blut.

Daraufhin erhob er sich und zog seine Jacke aus, welche voller satanischer Symbole war. Er nahm ein Feuerzeug und setzte die Jacke in Brand! Dabei rief er: „Jesus ist stärker! Ich werde ihm folgen!"

Seine Anhänger waren schockiert. Einer nach dem anderen kam zum Team und sagte, er wolle ebenso Jesus annehmen! Das war ein Durchbruch! Es war der Anfang einer Jugenderweckung in der Stadt, und inzwischen sind einige dieser Jungs Prediger des Evangeliums. Heute gibt es eine lebendige Gemeinde des vollen Evangeliums in Skopje.

Schon immer hat mich die Kraft Gottes angezogen. Ich liebe es, wirkliche Ergebnisse zu sehen – wenn Menschen geheilt, befreit und wiederhergestellt werden. Ich weiß, da draußen gibt es Dämonen. Manche Christen haben Angst hierüber zu sprechen. Andere wiederum sind ins Extreme gegangen und sehen überall Dämonen. Ich schaue niemals nach dem Teufel aus; für gewöhnlich zeigt er sich, wenn ich tue, was Jesus mir aufgetragen hat. Viele Menschen werden heute von Dämonen gequält, und es ist so wichtig zu wissen, wie man erfolgreich um Befreiung betet.

12

Offene Türen in Bulgarien

Während ich dieses im September 2007 schreibe, sitze ich in einem Flugzeug von Reykjavik nach London.

Am vergangenen Wochenende predigte ich dort in einer Gemeinde zu dem Thema „Zeit für die Ernte".

Ich teilte den Menschen in Reykjavik etwas mit, von dem ich denke, dass uns dies der Heilige Geist heute sagt: In Europa kommen wir in eine Zeit der Ernte. Ich glaube, Gott hat bestimmte Erntezeiten für verschiedene Gebiete der Erde geplant. Während dieser Zeiten können wir Großes und Fantastisches von ihm erwarten. Türen, welche jahrelang in Europa verschlossenen waren, öffnen sich jetzt wie niemals zuvor.

In meinem Dienst für Gott war es mir vergönnt, solche Zeiten zu erleben. Auch hatte ich das Vorrecht, an Gottes Werk beteiligt zu sein und an großen Veränderungen mitzuwirken.

Bulgarien ist eines der Länder, in denen ich viele Jahre tätig war. Zusammen mit Vivianne besuchte ich diese Nation das erste Mal 1982. Auf dem Weg in die Türkei fuhren wir mit dem Zug durch Bulgarien. Es war mir als „Klein- Russland" bekannt, und das stimmte auf vielerlei Art. Zu jener Zeit unterstand Bulgarien einem strikten, kommunistischen Regime, und es war verboten, irgendetwas Abweichendes öffentlich zu verkünden.

Die offizielle Kirche stand unter Kontrolle und wurde durch die Geheimpolizei beeinflusst. Es war bekannt, dass viele der Pastoren und Priester Bulgariens in derartige Aktivitäten verstrickt waren. Natürlich hatte das zu einer großen Frustration unter den wahren Gläubigen geführt, und viele von ihnen trafen sich zu Bibelstudien und Gebeten im Untergrund.

Das zweite Mal besuchten Vivianne und ich Bulgarien im Sommer 1986. Zu dieser Zeit war sie mit Joel im sechsten Monat schwanger. Wir reisten nach Burgas am Schwarzen Meer. Als wir das Land betraten, waren unsere Koffer mit Bibeln und christlicher Literatur gefüllt. Für uns war es schon ein bisschen zur Routine geworden, Literatur zu schmuggeln, und Gott beschützte uns auch dieses Mal. In einem touristischen Badeort bezogen wir das Hotel „Sunny Beach", einige Kilometer von Burgas entfernt. Dies war noch vor Beginn des Reisebooms, und die meisten Urlauber kamen aus Russland und den Ländern Osteuropas. Wir verlebten eine schöne Woche, trafen einige Christen und evangelisierten an den Abenden. Gott legte uns Bulgarien ans Herz, und ich wusste, ich würde hierher zurückkehren.

Einige Monate danach begann ich gemeinsam mit meinem guten Freund Michael, Bulgarien regelmäßig zu besuchen. Der Heilige Geist führte uns mit jungen Gläubigen zusammen, welche später zu christlichen Leitern des Landes wurden.

Besonders erinnere ich mich an unseren ersten Besuch in der Hauptstadt, Sofia. Einige unsere Freunde aus Burgas hatten uns vorgeschlagen, dorthin zu gehen, um eine Untergrundgemeinde aufzusuchen. Also fuhren wir in der Nacht mit dem Zug nach Sofia, eingequetscht zwischen einigen beleibten

Damen. Ich erinnere mich gedacht zu haben: „Ich hoffe, es ist wirklich wichtig."

Eine junge Frau namens Nellie holte uns am Bahnhof ab und führte uns zu dem Apartment, wo sich die „Gemeinde" traf. Der Leiter hieß Borislav. Ich mochte ihn von Anfang an nicht. Nur ein paar Minuten nach unserer Ankunft wussten wir beide, dieses war keine Gemeinde, sondern vielmehr eine Sekte. Wir teilten ihnen mit, dass wir gehen wollten, und einige der Leute von dort begleiteten uns. Ich erinnere mich noch, dass wir das Apartment frustriert und enttäuscht verließen. Wir hatten erwartet, mit einigen christlichen Schlüsselpersonen für Sofia zusammen zu kommen, stattdessen trafen wir auf ein paar wahre Spinner.

Während all der Jahre habe ich gelernt, wenn man in etwas Neues eintritt, muss man darauf gefasst sein, beständig an Türen zu klopfen und nach Möglichkeiten zu suchen, bis man den Punkt erreicht hat, an dem man sein sollte.

Als Paulus seine zweite Missionsreise in Apostelgeschichte 16 antrat, heißt es dort, ihm und seinem Team sei es durch den Heiligen Geist verboten worden, nach Anatolien zu gehen, und später durch den Geist Jesu nicht erlaubt worden, Bithynien zu betreten! Was geschah denn hier?

Ich habe einige Leute sagen hören, dass Paulus im „Fleisch" war, etwas in eigener Kraft zu tun versuchte, und Gott ihn durch diese Ereignisse Demut lehren wollte. Ich glaube nicht, dass dies zutrifft. Paulus und sein Team wussten durch den Heiligen Geist, dass sie Neuland betreten sollten. Mit dieser Gewissheit gingen sie in neue Gebiete, welche nicht vom Evangelium erreicht worden waren. Das war nicht falsch! Es war das Beste und Wichtigste, was sie zu diesem Zeitpunkt tun konnten. Sie bewegten sich tatsächlich in die richtige Richtung, um den Ruf nach Mazedonien zu empfangen.

Manchmal komme ich mit Menschen zusammen, welche einen Ruf Gottes haben, um Pionierarbeit für das Reich Gottes zu leisten. Weil sie jedoch auf ein paar verschlossene Türen gestoßen sind, haben sie aufgegeben und sagen: „Wäre Gott mit uns, würden sich die Türen öffnen."

Ich habe diesen Rat für sie: „Klopft weiter an! Die Türen werden sich früher oder später öffnen, und ihr werdet in etwas Großartiges eindringen, was Gott für euch vorbereitet hat."

Schließlich kamen Paulus und sein Team nach Troas, und Gott gab ihnen eine Vision, die das Schicksal Europas für immer verändern sollte.

Paulus war durch die Liebe Christi motiviert und gefüllt vom Geist des Glaubens. Er gab niemals auf, und nichts konnte ihn davon abhalten, die Welt auf den Kopf zu stellen.

Nach unserem Erlebnis mit den verrückten Typen im Apartment in Sofia gingen wir zusammen mit einigen jungen Leuten in die Innenstadt. Wir rasteten in einem Park, wo wir ein paar andere Gläubige trafen. Diese baten uns, dort für sie zu predigen.

Bevor wir anfingen das Wort mitzuteilen, kam ein achtjähriger Junge, stellte sich vor uns, hob seine Hand und sagte in einwandfreiem Englisch: „So spricht der Herr: ‚Ich habe jene Diener in euer Land gebracht, damit sie euch die Botschaft der Errettung und Erweckung bringen. Hört ihnen zu und empfangt ...'"

Ich schaute den Jungen an und dachte: „Wow, sein Englisch ist perfekt!" Einige der Menschen im Park begannen zu weinen, und ich fragte sie nach dem Grund. Sie antworteten: „Dieser Junge kann kein Wort Englisch sprechen! Er sprach aus Gottes Geist. Jetzt wissen wir, dass euch Gott in unser Land gesandt hat!"

Dadurch waren wir sehr ermutigt und gesegnet. Einige dieser Menschen im Park wurden zu Schlüsselpersonen, mit denen wir viele Jahre in der großen Erweckung zusammenarbeiteten, welche ein paar Jahre später in Bulgarien stattfand.

Seit dieser Zeit reiste ich regelmäßig nach Bulgarien und besuchte Gemeinden im Untergrund und Gebetsgruppen im ganzen Land. Auch führten wir Seminare mit anderen Predigern aus Schweden durch.

Ich begann, Bulgarien zu lieben, und manchmal fühlte es sich so an, als wäre dieses Land meine zweite Heimat geworden. Nach einiger Zeit wurde ich zum Predigen auch in manch offiziell anerkannte Kirche eingeladen. Es war ein seltsames Gefühl, das Wort Gottes einer Versammlung mitzuteilen, in welcher einige Personen, manchmal auch die Ältesten, für die Geheimpolizei arbeiteten.

Stets war ich sehr darauf bedacht, in solchen Gemeinden nie meinen Namen preiszugeben. Hätten sie meine wahre Identität gekannt, hätte ich am Morgen danach von ihnen Besuch erhalten. Ich war als der Bruder aus Schweden bekannt, und meinen wahren Namen kannten nur meine engsten Freunde. Obwohl ich vorsichtig war, fand ich später heraus, dass die Geheimpolizei stapelweise Akten über meine Aktivitäten in Bulgarien angelegt hatte.

Was all die kommunistischen Länder gemeinsam auszeichnete war ein starker Geist der Angst, welcher jeden in allen Lebensbereichen kontrollierte. Jedes Viertel hatte seinen eigenen Spion. Beispielsweise wurde mir mitgeteilt, dass in Rumänien jeder zehnte Einwohner mit der Tätigkeit der „Securitate", der rumänischen Geheimpolizei, verwickelt war.

Während eines Gottesdienstes im Jahr 1988 in einer Untergrundgemeinde in Rumänien empfand ich in meinem Geist, einer der Besucher käme von der Geheimpolizei; der Heilige Geist zeigt ihn mir sogar.

Ich ging zu ihm und schaute ihn festen Blickes an, während ich rief: „Ich weiß, wer du bist! Du hast kein Recht hier zu sein, wenn du vorhast, Brüder und Schwestern zu verraten." Ich befahl ihm aufzustehen und zu gehen, und er rannte aus dem Gebäude.

Die Gemeindebesucher verfolgten ihn bis in die Straßen und riefen. „Lass uns in Ruhe!"

Schon früh erkannte ich die Notwendigkeit, die Macht der Angst über dem Leib Christi zu brechen. Glaubenslehre, welche im Geiste Jesu gelehrt wird, hilft Menschen, dem Griff der Angst zu entfliehen.

13

Das Bücherwunder

Die zu dieser Zeit in Bulgarien erhältliche christliche Literatur bestand hauptsächlich aus evangelikalen Büchern. Es gab kaum Lehre über das übernatürliche, siegreiche christliche Leben.

Mein Freund Michael und ich entschieden, etwas gegen diesen Missstand zu unternehmen. Wir sprachen mit unserem guten Freund Shivko in Burgas, denn er besaß Kontakte im Land, welche über Buchpressen im Untergrund verfügten. Wir entschieden, Bücher von Kenneth Hagin nach Bulgarien zu schmuggeln, um diese dort drucken zu lassen.

Es war im September 1987 als wir unsere Koffer mit verschiedenen englischen Büchern von Kenneth Hagin über Glauben, Heilung und den Heiligen Geist bepackten. Ich selbst war seit 1980 durch diese Bücher gesegnet worden. Diese Lehre würde in Bulgarien wie Dynamit wirken.

Wir hatten alles sehr gut geplant. Shivko würde dafür sorgen, dass die Bücher ins Bulgarische übersetzt und dann gedruckt würden; danach wollten wir sie über unser Netzwerk in ganz Bulgarien verteilen.

Wir buchten einen Charterflug zum „Goldstrand", außerhalb Warnas an der Küste des Schwarzen Meeres. Die entsprechende Zollstation war kleiner, und es schien leichter, dort mit illegalem Material durchzukommen. Für gewöhnlich wurde das Gepäck nicht einmal überprüft.

Als wir die Zollstation erreichten, sahen wir sofort, dass sich die Dinge geändert hatten. Sie öffneten jede Tasche – einschließlich unserer! Wir wussten, was wir in derartigen Situationen zu sagen hatten. Diese Bücher wären unsere eigenen, und wir hätten vor, diese während unseres Urlaubs in Bulgarien zu lesen! Noch heute glaube ich, die Zollbeamten hatten Informationen über uns, denn sie hörten unserer Geschichte nicht einmal zu. Sie fingen an, uns zu verhören und hielten uns bis spät in der Nacht an der Grenzstation fest. Sie konfiszierten all unsere Bücher und teilten uns mit, wir könnten uns über ihre Erlaubnis, Bulgarien betreten zu dürfen, glücklich schätzen. Doch wir waren sehr aufgebracht und enttäuscht.

Ich erinnere mich daran, als wir beim Hotel in der Nähe des Meeres ankamen. Wir entschieden, mitten in der Nacht hinunter zum Strand zu gehen, um im Meer zu schwimmen.

Wir beteten alle beide, schrieen von ganzem Herzen und nahmen Autorität über den Teufel, der uns unsere Bücher gestohlen hatte. Wir befahlen ihm, sie uns zurückzugeben!

Auf dem Rückweg zum Hotel hörte ich plötzlich eine Stimme in meinem Herzen: Verlasst morgen Bulgarien, und fahrt nach Istanbul! Ich fragte Michael, was er darüber denken würde, und er sagte, er empfände ebenso.

Istanbul ist sehr weit von Warna entfernt, und wir müssten früh am nächsten Tag losfahren. Wir nahmen einen Bus und kamen am späten Abend in Istanbul an, wussten aber nicht, was wir dort tun sollten. Wir gingen in ein Hotel in der Nähe des Busbahnhofs von Topkapi. Istanbul ist eine große Stadt mit vielen Einwohnern und überall voller Leben. Sie ist eine meiner Lieblingsstädte. Seither war ich oft dort und habe gesehen, wie sich Gott auf mächtige Weise bewegte. Aber während dieser Reise kannte ich die Stadt noch gar nicht.

Wir erwachten früh am Morgen, denn der Imam rief von seinem Minarett, welches nur 10 Meter von unserem Fenster entfernt war. Noch jetzt kann ich mich an das seltsame Gefühl beim Aufwachen erinnern. Ich betete und glaubte, die Stimme des Geistes zu vernehmen, welche sagte: „Verlasst dieses Hotel, und sucht ein anderes." Dasselbe war in Michaels Herzen. Wir checkten aus, nahmen ein Taxi und baten den Fahrer, uns in ein Hotel zu bringen. Er drehte sich um und fragte uns: „Welches Hotel? In Istanbul gibt es überall Hotels!"

Wir antworteten: „Einfach irgendein Hotel." Der Taxifahrer schüttelte seinen Kopf und fuhr uns zu einem nahe gelegenen Hotel. Es sah schicker aus, und wir entschieden uns dafür. Wir betraten die wunderschöne Empfangshalle, und plötzlich vernahm ich dieselbe Stimme, welche sagte: „Dies ist der falsche Ort." Ich sagte es Michael, und wir rannten beide hinaus, nahmen dasselbe Taxi und sagten dem Fahrer: „Das ist das falsche Hotel."

Er schüttelte seinen Kopf noch mehr, fuhr uns zu einem anderen Stadtteil und hielt vor einem weiteren Hotel. Dieses war ein günstigeres Hotel. Sofort nach dem Betreten der Lobby hörte ich in meinem Herzen: „Dieses ist der richtige Ort!" – Wir nahmen ein Zimmer und fragten uns: „Was jetzt?"

Ich besaß die Telefonnummer zu einem Kontakt in Istanbul. Sein Name war Benjamin, und ich wusste, er war einer der wenigen neugeborenen Christen in der Stadt. Zu dieser Zeit gab es in der Türkei nur ein paar hundert neugeborene Gläubige.

Eine Handvoll dieser Menschen war im Heiligen Geist getauft. Noch heute ist die Türkei die größte unerreichte Nation der Welt.

Ich rief Benjamin an, und er freute sich, uns zu treffen. Er kam am Nachmittag, wir setzten uns in die Hotellobby, und er erzählte uns seine Lebensgeschichte. Es war großartig, diesen Mann Gottes kennenzulernen, und wir genossen unsere Unterhaltung. Auf einmal tauchte jemand hinter mir auf und berührte meinen Arm. Ich drehte mich um und sah einen Mann, etwa dreißig Jahre alt. Er lächelte und sah ein wenig nervös aus, als er sagte: „Ich muss mit dir reden." Ich sagte ihm, er müsse warten, bis ich das Gespräch mit meinen Freunden beendet hätte.

Doch er sagte mit Nachdruck: „Ich muss unbedingt jetzt mit dir sprechen. Ich weiß, dass du ein Christ bist! Das bin ich auch. Ich habe auf euch beide gewartet. Ich muss euch etwas geben."

Wir baten diesen Mann sich zu setzen und sich zu erklären. Er erzählte uns folgende Geschichte:

„Ich bin ein neugeborener Gläubiger aus Teheran im Iran. Letztes Jahr nahm ich Jesus durch einen Amerikaner an, welcher eine Zeitlang in Teheran lebte. Das war eine fantastische Erfahrung für mich. Dieser Mann lehrte mich viel aus der Bibel und betete ebenfalls für mich, damit ich im Heiligen Geist getauft würde.

Vor ein paar Monaten musste er den Iran auf Drängen der Ordnungsbehörde verlassen. Einen Tag vor seiner Abreise kam er zu mir und brachte mir eine Kiste mit englischen Büchern. Er beauftragte mich, diese Bücher zu verwahren und sie zu lesen. Ich sagte meinem Freund Lebewohl und behielt die Kiste in meiner kleinen Wohnung.

Einige Wochen später hörte ich eine Stimme sagen, ich solle ebenfalls den Iran verlassen. Es würde für mich zu gefährlich werden. Mein Plan war, über die Berge in die Türkei zu fliehen. Das war sehr riskant, und ich wusste, ich würde erschossen, falls ich entdeckt würde. Die Route sollte einige Tage auf einem Esel durch eine abgeschiedene Bergregion führen und hoffentlich auf einen sicheren Weg in die Türkei leiten. Freunde halfen mir, die richtigen Kontakte zu finden.

Am Tage meiner Abreise verließ ich meine Wohnung und wollte die Treppe hinunter gehen, als ich plötzlich eine Stimme sagen hörte: ‚Vergiss die Bücher in der Kiste nicht!'

Ich sagte der Stimme: ‚Ich kann die Bücher nicht mitnehmen!'

Ich hatte gelernt, dass es die Stimme des Heiligen Geistes ist, und er ist Gott. Noch einmal befahl er mir, die Bücher mitzunehmen. Ich ging zurück in meine Wohnung, packte die Bücher von der Kiste in eine Tasche und nahm alle mit.

Die Flucht aus dem Iran war erfolgreich, obwohl ich ein paar Tage und Nächte zusammen mit einem Esel, meinem wenigen Gepäck und der Büchertasche in den Bergen verbringen musste. Ich war sehr glücklich und gesegnet, einen Weg in die Türkei hinein zu finden. Heute verfolgen und töten sie Christen im Iran", sagte er mit Tränen in den Augen. „Mein Land hat sich in einen Alptraum verwandelt.

Ich reiste durch die Türkei und kam vor drei Monaten in Istanbul an. Ich bezog dieses Hotel, und seither habe ich ohne Erfolg versucht, einen neuen Reisepass und ein Visum für Amerika zu bekommen.

Als ich heute morgen aufwachte, hörte ich wieder die Stimme des Heiligen Geistes. Er trug mir auf, später am Nachmittag in die Lobby zu gehen. Es wären zwei Brüder dort, und ich sollte ihnen die Tasche mit den Büchern geben.

Ich habe hier auf euch gewartet, bis ihr kamt. Deshalb spreche ich euch nun an. Kommt bitte mit mir in mein Zimmer. Ich möchte euch die Bücher geben."

Ich schaute Michael an. Wir waren beide überrascht, diese seltsame Geschichte zu hören. Ich erinnere mich, wie ich dachte: „Es gibt in Istanbul Tausende von Hotels. Aber nur eine Handvoll Gläubige. Wir sind jetzt in diesem Hotel, weil wir den Heiligen Geist sprechen hörten, hierher zu gehen. Irgendwie muss das hier richtig sein."

Wir folgten dem Mann auf sein Zimmer. Er gab uns die Büchertasche. Wir schauten in die Tasche und entdeckten Bücher von Kenneth Hagin auf Englisch! Jetzt mussten wir uns setzen. Als wir die Bücher überprüften, stellten wir fest, es waren genau die gleichen Titel, welche an der bulgarischen Grenze konfisziert worden waren! Wir schauten unseren iranischen Bruder an und dankten ihm dafür, dass er all diese Bücher auf seinem Weg von Teheran nach Istanbul mit sich genommen hatte. Danach erzählten wir ihm unsere Geschichte und lobten Jesus gemeinsam, indem wir ihm für Führung und Segen dankten.

Wir gingen wieder zurück in die Lobby zu Benjamin und berichteten ihm das Wunder mit den Büchern. Er freute sich ebenso. Später sagten wir ihm Lebewohl.

Nach diesem ersten Treffen bin ich Benjamin oftmals begegnet. Er öffnete mir die Türen zu Gemeinden in Istanbul, und ich diente dort in den kommenden Jahren.

Mit dem Heiligen Geist zu arbeiten und zu gehen, ist fantastisch!

Schon öfter habe ich gesagt, dass ich mich nicht bei dem Versuch quälen wollte, für Gott zu arbeiten, wenn ich mir nicht sicher wäre, dass der Heilige Geist in mir lebt und durch mich wirkt.

Während meiner Jahre im Dienst habe ich ein paar Dinge über die Führung und Leitung des Heiligen Geistes gelernt.

Zuerst lernte ich, der Heilige Geist ist daran interessiert, mit dir zu reden, falls du daran interessiert bist, zuzuhören und dem zu gehorchen, was er dir aufträgt. „Denn so viele durch den Geist Gottes geleitet werden, die sind Söhne Gottes." (Römer 8:14)

Manchmal habe ich mich dabei erwischt, den Heiligen Geist zu bitten, mir etwas aufzutragen, wofür ich mich schon selbst entschieden hatte. So geht es nicht. Der Heilige Geist ist Gott! Du musst sowohl deine Pläne und deinen Willen ihm unterordnen.

Zweitens habe ich gelernt, es gibt absolut keine Begrenzungen im Bereich des Heiligen Geistes!

Denke nur daran, wie der Heilige Geist den amerikanischen Bruder gebraucht hat, um den Mann in Teheran für Jesus zu gewinnen und später diesen lehrte, die Stimme des Geistes zu hören, und ihm die Bücher anvertraute. – Das geschah sogar lange Zeit, bevor wir unsere Tickets nach Bulgarien gebucht hatten!

Später dann trug der Heilige Geist unserem iranischen Bruder das Unmögliche auf: Die Bücher auf der Flucht über die Berge mitzunehmen, wobei er sein Leben riskierte. Wie unfassbar war es, dass wir dasselbe Hotel fanden!

Wenn du mit dem Heiligen Geist gehst, wandelst du im Glauben! Unser Glaube gefällt dem Vater. „Ohne Glaube ist es nicht möglich, ihm zu gefallen." (Hebräer 11:6) Glaube öffnet immer die Türen ins Übernatürliche.

Der nächste Schritt bedeutete für uns, die Bücher wieder nach Bulgarien zurückzubringen. Wir entschieden, die Bücher nicht zu verstecken, sondern sie offen in einer Plastiktüte mitzunehmen. Man konnte sogar durch die Tasche den Titel eines Buches erkennen: Der Name Jesu. Dies war in goldenen Buchstaben geschrieben.

Wir gingen durch die Grenzstation Kapitan-Andreevo. Normalerweise gab es an dieser Grenze strenge Kontrollen, und wir wussten, wir waren mit der Tasche ein Risiko eingegangen. Wir gingen auf die Grenze zu, und zu unserem Erstaunen rief der Beamte: „Willkommen in Bulgarien", und befahl uns auf direktem Weg, ohne Kontrolle, durchzugehen.

Wir waren so begeistert und machten uns auf den Weg zurück nach Warna, wo wir unsere Freunde trafen und ihnen die Bücher gaben. Wir erzählten ihnen die Geschichte, und sie verstanden, wie wichtig es ist, diese Bücher zu übersetzen, zu drucken und dem Leib Christi in Bulgarien zur Verfügung zu stellen. Einige Monate später waren die Bücher von Kenneth Hagin in Bulgarien erhältlich!

Diese Lehre und regelmäßige Seminare im Untergrund in verschiedenen Städten ganz Bulgariens legten ein Fundament und waren eine Vorbereitung für das, was später geschehen sollte.

14

Wind der Veränderung in Bulgarien

Regelmäßig reiste ich nach Bulgarien, und mir wurde immer deutlicher, etwas würde in diesem Land geschehen. Wir wurden immer mutiger und begannen jetzt, unseren Freunden zu predigen und sie auf die Zeiten des Wandels vorzubereiten.

Ich erinnere mich an unsere erste Konferenz in einem Dorf außerhalb von Plowdiw im Spätherbst 1988. Hunderte Menschen aus ganz Bulgarien kamen an diesem Wochenende zusammen. Die Atmosphäre in den Gottesdiensten war explosiv. Wir sahen Wunder, und besonders erinnere ich mich an einen tauben Mann. Während des Gottesdienstes kam er zu mir und deutete auf seine Ohren. Seine Freunde erklärten, dass er taub sei. Ich hatte Wunder geschehen sehen, aber noch niemals, wie ein tauber Mann seine Hörfähigkeit erhielt. Ich war sehr nervös, als ich meine Hände auf seine Ohren legte und dem tauben Geist zu gehen befahl. Es war ein Schock, als ich sah, wie der Mann augenblicklich geheilt wurde und hundertprozentig hören konnte!

Das bereitete den Weg für viele weitere Heilungen an diesem Wochenende. Auch konnten wir erleben, wie viele Menschen Jesus als ihren Herrn und Erretter annahmen.

Von einigen Pastoren der anerkannten Kirchen in Bulgarien erhielten wir Widerspruch. Sie versuchten, uns auf verschiedene

Weisen zu behindern. Besonders stellten sie sich gegen unsere Predigten von Jesus als dem Wundertäter. Es war nicht so schwer zu verstehen, warum sie dieser Botschaft widerstanden, denn sie selbst waren von der Geheimpolizei gekauft worden und hatten in den Kirchen nur gepredigt, was ihnen erlaubt war. Diese Botschaften waren ohne jegliche Kraft. Kein Leben wurde dadurch verändert.

Ich erinnere mich an einen Gottesdienst in Asenovgrad, einer Stadt nicht weit von Plowdiw entfernt. Es war in einer alten Pfingstgemeinde. Der Pastor stand mir sehr skeptisch gegenüber und gab mir Anweisungen, was ich sagen durfte und was nicht. Ich muss eingestehen, dass meine Haltung gegen derartige Pastoren nicht immer die beste war. Ich war jung und nicht immer weise genug.

Der Pastor sagte, mir wäre unter keinen Umständen erlaubt, den Menschen Hände aufzulegen.

Die Kirche war voller Menschen, und ich begann mit einer Botschaft über Jesus, welcher heute, gestern und für alle Zeiten derselbe ist (Hebräer 13:8).

Gegen Ende der Predigt sprach ich über den Heiler Jesus. Ich erinnere mich, wie ich proklamierte: „Jesus ist der Heiler!" Die Gemeinde rief: „Amen! Amen!". Der hinter mir sitzende Pastor rief: „Kein Amen! Nicht Amen!", als plötzlich eine Frau aus der Menschenmenge ihre Krücken hochhob und mitten in der Kirche anfing zu tanzen! Ohne jegliches Gebet erhielt sie sofortige Heilung. Die Menschen in der Gemeinde wurden so begeistert, und ich bat jeden Kranken seine Hand zu heben. Ich betete für sie, und eine Welle der Heilung schwappte durch das Gebäude. Der Pastor saß dort mit gesenktem Kopf ... und überhaupt nicht glücklich.

Pastoren wie er verschwanden aus der Leiterschaft sobald 1989 Freiheit nach Bulgarien kam.

Heute tut es mir für jene korrumpierten Pastoren und Leiter leid, welche Diener der zerstörerischen kommunistischen Ideologie wurden.

Jene, welche sich weigerten, Kompromisse einzugehen, mussten einen hohen Preis zahlen. Oft brachten sie Jahre im Gefängnis zu, und ihre Familien wurden ohne jegliche Versorgung zurückgelassen. Ich hatte das Vorrecht, einigen dieser Helden zu begegnen, und sie haben Jesus mehr ausgestrahlt, als irgendein anderer. Sie sind große Glaubensbeispiele, und wir können viel von ihrer kompromisslosen Hingabe an Jesus lernen.

Am 13. Juli 1989 brachte Vivianne unsere zweite Tochter, unser drittes Kind, Magdalena, zur Welt! Welch Freude sie war und immer noch ist! Wunderschön und freundlich, genau wie ihre Mutter.

Gegen Ende von 1989 kamen Winde der Veränderung nach Bulgarien. Ich erinnere mich noch an das erste Mal, als ich bei einem Open-Air-Gottesdienst in Sofia predigte. Das geschah nur wenige Wochen nachdem der Kommunismus gefallen war.

Die Menschen waren so offen und hungrig. Es war eine fantastische Erfahrung, vor einer großen Menschenmenge zu stehen und zu proklamieren, dass der Kommunismus tot ist, aber Jesus lebt! Bei diesem ersten Open-Air-Gottesdienst konnten wir erleben, wie viele Menschen Jesus als ihren Herrn und Erretter annahmen.

15

Beruf und Berufung

Während jener Jahre hatte ich ganztags bei Möbler & Slöjd gearbeitet. Die Inhaber waren gläubige Christen. Der Direktor der Firma, Ingemar, war Mitglied der Pfingstgemeinde in Uppsala. Er war und ist noch immer ein sehr großzügiger und liebenswerter Mensch.

1986 wurde mir angeboten, als Verkäufer im dazugehörigen Geschäft anzufangen. Ich dachte, das sei großartig, und schon nach wenigen Tagen stellte ich fest, ich liebte diese Arbeit. Das Geschäft war das größte in Uppsala, und Menschen kamen aus der ganzen Umgebung, um Möbel zu kaufen.

Ich kann mich erinnern, wie ich mir jeden Tag Ziele für meine Verkäufe setzte, und für die Erreichung dieser betete und arbeitete. Die meisten Tage verkaufte ich mehr, als ich mir gewünscht hatte! Schon bald wurde ich ein sehr geschickter Verkäufer. Ingemar erkannte dies und gab mir immer mehr Verantwortung. Ich wurde gebeten, mich um besonders betuchte Kunden zu kümmern. Das waren Menschen mit viel Geld, die das Allerbeste wünschten, dabei spielte das Finanzielle keine Rolle. Ich brach den Umsatzrekord in der Firma und freute mich darüber sehr.

Eines Tages kam Ingemar zu mir und teilte mir mit, er hätte über mich und meine Situation nachgedacht. Ihm war bekannt, dass ich in jeder arbeitsfreien Zeit in die Mission ging und dort draußen wichtige Dinge tat. „Ich möchte, dass du einmal pro Monat eine Woche frei hast", sagte er. „Arbeite hier drei Wochen, und geh eine Woche aufs Missionsfeld. Du behältst das gleiche Einkommen."

Ich war erstaunt: „Wie kann er so großzügig sein?" Ich nahm das Angebot an, sagte ihm aber, ich würde erwarten, in diesen drei Wochen mehr verkaufen zu können, als während meiner vier Wochen. Das geschah wirklich! Ein paar Jahre arbeitete ich unter diesen Bedingungen, und Gott segnete mich und meinen Dienst wahrhaftig. Einige Zeit später bot mir Ingemar sogar an, meine Flugkosten für die Missionsreisen zu bezahlen! Ohne seine Hilfe wäre es nicht möglich gewesen, zu bewerkstelligen, was wir von 1986 bis 1992 taten.

Vivianne und ich waren seit 1985 Teil der Gemeinde „Wort des Lebens". Ich wurde schon zu einem frühen Zeitpunkt gebeten, einen Bereich der Missionsabteilung zu leiten. Ich kann mich erinnern, dass ich 1986 das erste Mal in der Gemeinde von einer Missionsreise berichtete. Das war eine interessante Erfahrung.

Pastor Ulf Ekman war sehr begeistert, und seit diesem Gottesdienst standen wir in Verbindung. 1987 wurde mir angeboten, für „Wort des Lebens" zu arbeiten, aber ich sagte dreimal „nein", bis ich 1989 ein langes Gespräch mit Ulf führte. Er teilte mir mit, sie wollten mich einstellen, denn ich hätte schon etwas getan, an das sie glaubten. Ich sei frei, mit der gleichen Arbeit weiterzumachen, und die Gemeinde wolle mir helfen und mich unterstützen. „Ich will dir nicht vorschreiben, was du zu tun hast", sagte mir Ulf.

Ich willigte ein, halbtags für „Wort des Lebens" zu arbeiten. Außerdem arbeitete ich bis 1992 weiter für Möbler & Slöjd.

Bei „Wort des Lebens" handelte es sich zu jener Zeit um eine Pioneerarbeit. Wir erschlossen neue Gebiete in Schweden und weltweit. Meine Tätigkeit bestand darin, die Missionsarbeit weiter aufzubauen und in der ganzen Welt, hauptsächlich aber in Osteuropa, zu predigen und zu lehren. Das passte mir gut, und ich fuhr mit dem fort, was ich vorher getan hatte. Aber jetzt konnte ich effektiver sein und war Teil eines großartigen Teams.

Zu Ulf stand ich in engem Kontakt und erkannte, sein Herz schlug sehr für die Mission. Den ersten Predigttermin in Bulgarien konnte ich im März 1990 für ihn einrichten. Zusammen mit unseren dortigen Freunden planten wir eine Konferenz in Plowdiw. Wir mieteten eine Sportarena und machten in ganz Bulgarien dafür Werbung.

Es wurde ein großer Erfolg. Die Sportarena war voll hungriger Menschen aus Bulgarien. Ulf predigte einige wirklich lebensverändernde Botschaften, und der Geist des Glaubens wurde in jenen Gottesdiensten freigesetzt. Ich werde niemals vergessen, was geschah, als wir im letzten Gottesdienst für die Kranken beteten. Menschen rannten von allen Seiten nach vorne. Sie hoben sogar andere hoch und warfen sie auf die Bühne. Viele wurden an diesem Tag geheilt.

Eine Gruppe Zigeuner kam nach dem Gottesdienst zu Ulf und bat ihn mitzukommen, um für einen Jungen zu beten. Ulf deutete auf mich und sagte ihnen, sie sollten mich an seiner Stelle zu dem Jungen bringen. Ich wurde von den Zigeunern mitgerissen und zu einem Jungen mit gelähmten Beinen gebracht. Sie nahmen meine Hand und legten sie auf den Jungen.

„Bete!", schrieen sie mich an. Noch niemals zuvor hatte ich solch ein Verhalten erlebt; sie gingen leidenschaftlich vor. Ich rief: „In Jesu Namen, sei geheilt!". Sie hoben den Jungen hoch und stellten ihn auf den Boden. Er war sofort geheilt! An diesem Tag lernte ich etwas Neues über den Glauben.

Die Konferenz in Plowdiw bedeutete viel für Bulgarien. Viele junge Menschen nahmen teil. Als Ulf über Gottes Plan für die örtlichen Gemeinden sprach, lud er Menschen mit einer Berufung für Gemeindegründung ein, nach vorne zu kommen. Viele kamen angerannt, und es wurde für sie gebetet. Während der nächsten paar Jahre wurden überall in Bulgarien neue Gemeinden gestartet – ein Großteil durch junge Menschen, welche an unserer Konferenz teilgenommen hatten.

Der Konferenz in Plowdiw folgte im gleichen Jahr eine ähnliche in Sofia. Ich fuhr damit fort, regelmäßig nach Bulgarien zu fahren und war nunmehr daran beteiligt, an verschiedenen Orten Gemeinden zu gründen und aufzubauen. Ebenfalls führten wir evangelistische Einsätze durch, bei denen eine Menge Menschen Jesus als ihren Herrn und Erretter annahmen. Während dieser Gottesdienste wurden auch viele geheilt.

Am 3. Dezember 1990 wurde unsere dritte Tochter, unser viertes Kind, Deborah, geboren! Sie ist wunderschön und brachte viel Segen in unsere Familie.

Schon 1988 waren wir nach Storvreta, außerhalb von Uppsala, umgezogen. Wir mieteten ein Haus, was uns später zum Kauf angeboten wurde. Das erste Mal in unserem Leben waren wir Besitzer eines Hauses! Wir nahmen einige Renovierungen vor und bauten neue Räume an. Sich um ein Haus zu kümmern, war anfangs für mich eine große Herausforderung, und ist es manchmal immer noch. Alles wohnlich zu machen lag nicht in meinem Wesen wie bei Vivianne. Sie ist sehr praktisch und organisiert in allem, was sie tut. Ich war das Gegenteil.

Heute kann ich erkennen, ich hätte anders vorgehen können. Doch war ich damals nicht klug genug, meine Haltung diesen Dingen gegenüber zu ändern. Es mussten erst einige Jahre vergehen, bevor ich erstmals den Wert des eigenen Hauses verstand und dafür dankbar war. Ich denke, dass hierin eine Versuchung für Männer wie mich liegt. Wir sind auf das Reich Gottes und den Dienst fixiert und können das sogar als Entschuldigung dafür benutzen, die Verantwortung für die Angelegenheiten um uns herum nicht zu übernehmen. Ich fühle mich heute noch schlecht, wenn ich an manche begangene Fehler denke.

Vivianne musste zu viele der praktischen Dinge während dieser Jahre übernehmen und außerdem die vier Kinder erziehen. Es war eine fast unmögliche Situation mit einem allzeit arbeitenden und reisenden Mann. Vivianne war und ist noch immer der größte Held in meinem Leben! Ohne sie hätte ich niemals das leisten können, was ich während dieser Jahre tat.

Ich habe mich geändert, und heute sind wir beide am Eigentum interessiert. Wir müssen mit den Angelegenheiten unseres Lebens weise umgehen. Ebenfalls müssen wir für die Zukunft und unsere Kinder vorausplanen.

Später kauften wir ein Häuschen in Südschweden. Wir erwarben es, um eine Zuflucht von unserem geschäftigen Leben zu besitzen. Gerne wollten wir die Möglichkeit haben, die faszinierende Natur während der Sommerferien mit unseren

Kindern genießen zu können. Noch immer gehört uns dieser Ort, und er wird einen besonderen Platz in unseren Herzen behalten.

16

Die ehemalige Tschechoslowakei

Als wir von 1983 bis 1984 in Wien lebten, besuchten Vivianne und ich die Tschechoslowakei. Diese lag nur dreißig Autominuten von unserem Wohnort entfernt. Ich erinnere mich an den ersten Besuch, und wie Gott dieses Land auf mein Herz legte.

Im Oktober 1987 hatten wir die Möglichkeit, die Tschechoslowakei erneut zu besuchen. Ich hatte den Namen und die Anschrift eines Bruders aus Prag erhalten und wollte ihn auf der Rückreise von Jugoslawien besuchen. Dort hatte ich mit einem kleinen Team aus Schweden gedient.

Sobald wir die Grenze zwischen Österreich und der Tschechoslowakei passierten, wurde mein Herz voller Erwartung. Einige Minuten später sahen wir einen Anhalter; ich stoppte den Wagen und nahm ihn mit.

Dieser Mann war Anfang zwanzig. Wir begannen, ihm Zeugnis von Jesus zu geben. Noch ehe wir in Prag ankamen, wollte er Jesus als seinen Herrn und Erretter annehmen. – Da begriff ich, es wartete eine große Ernte in der Tschechoslowakei.

Prag ist wunderschön, obwohl diese Stadt für Jahrzehnte unter dem Kommunismus gelitten hat. – Die uns gegebene Adresse lag in der Kernstadt. Wir fanden das Haus und das richtige Apartment. Ich klopfte an die Tür, aber es war niemand Zuhause. Für unseren ersten Besuch hatten wir kein besonderes

Programm, aber ich wollte diesen Bruder auf jeden Fall treffen. Ich klopfte noch ein paar Mal, jetzt ein bisschen stärker. Die Tür vom gegenüberliegenden Apartment öffnete sich. Ein älterer Mann kam heraus und sagte zu mir auf deutsch: „Oh, da seid ihr ja. Kommt und folgt mir." Ich schaute mir den Mann an und erkannte, er war nicht derjenige, nach dem wir Ausschau gehalten hatten. Ich konnte mit „geheimen Kontakten" umgehen und wusste, dass ich nicht zu viele Fragen stellen durfte, da wir ständig von Spitzeln der Geheimpolizei umgeben waren. Die Tschechoslowakei war darin keine Ausnahme.

Wir folgten dem Mann, und nach einigen hundert Metern kamen wir zu etwas, was wie eine Kirche aussah. Er forderte uns auf einzutreten. Das Gebäude war voller Menschen! Dort saßen vier- oder fünfhundert Personen. Unser Begleiter stellte uns einem Mann vor, wahrscheinlich dem Pastor, und sagte: „Jetzt sind sie da." Der Pastor hieß uns willkommen und gab uns ein Schriftstück, das Programm für einen Gottesdienst.

„Ihr werdet zwischen den verschiedenen Vorträgen singen", sagte der Pastor. Ich schaute ihn an und wunderte mich, was vor sich ging. „Sicher, wir können singen", entgegnete ich.

„Gut. Für eine Weile dachten wir, ihr würdet nicht kommen, aber jetzt sind wir so froh, dass ihr den ganzen Weg für uns auf euch genommen habt", antwortete der Pastor.

Ich teilte meinem Team mit, sich auf ein paar Lieder vorzubereiten. Sie schauten mich überrascht an, stimmten aber zu.

Ich las das Programm noch einmal durch und erkannte, dass wir bei einer Europäischen Konferenz der anerkannten Baptistengemeinden Osteuropas singen würden. „Wow", dachte ich bei mir, „eine Menge dieser Pastoren arbeitet mit der Geheimpolizei zusammen."

Dennoch empfand ich, dieses war etwas, das Gott für uns vorbereitet hatte. Deshalb entschied ich, wir würden unser Bestes geben.

Der Gottesdienst war traditionell baptistisch. Sobald wir aufgefordert wurden zu singen, bat ich um einen Übersetzer. Eine Frau kam zu uns. „Übersetze nur, was ich sage", trug ich ihr auf.

Durch die Übersetzerin erklärte ich, dass wir ihnen Lieder in schwedischer Sprache singen würden. Und dann erzählte ich ihnen, was Gott in unserer Gemeinde in Schweden tat. Ich äußerte meinen Glauben, Gott sei dabei, eine Erweckung in die Tschechoslowakei zu senden.

Nach jedem Lied wiederholte ich, Gott würde eine Erweckung in ihr Land schicken. Einige der Pastoren sahen sehr nervös und aufgebracht aus, aber die jüngeren Personen im hinteren Teil des Raumes strahlten wie die Sonne.

Nach Ende des Gottesdienstes kamen diese jungen Pastoren und Leiter zu mir. Sie waren sehr hungrig nach mehr von Gott und wollten Weiteres über Erweckung hören. Wir verbrachten eine lange Zeit mit ihnen. Sie gaben uns ein paar Adressen und luden uns ein, ihre Gemeinden bei unserer nächsten Reise in die Tschechoslowakei zu besuchen.

Ich war überwältigt zu sehen, wie Gott für uns die Türen öffnete. Bis heute weiß ich nicht, wer der Mann war, der uns zur Kirche geführt hat, und ich habe ihn nie wieder gesehen. Wir folgten der Einladung eines anderen Bruders, die Nacht vor unserer Rückkehr nach Schweden in seinem Haus zu verbringen.

Wenige Wochen später kam ich wieder nach Prag. Dieses Mal reiste Michael mit mir. Man hatte mich eingeladen, in einer weiteren Baptisten-Gemeinde zu predigen. Der Pastor war glücklich, uns da zu haben und sagte, wir seien frei, über das zu reden, was wir als richtig empfinden würden, ausgenommen über die Taufe im Heiligen Geist.

Es ist gefährlich, mir so etwas zu sagen. An diesem Abend predigte ich über die Taufe im Heiligen Geist! Die Jüngeren in der Gemeinde empfingen die Botschaft und wurden im Heiligen Geist getauft. Ich gab eine Einladung zur Errettung, und plötzlich verließ mein Übersetzer das Pult und kniete nieder! „Ich bin nicht errettet", weinte er. Ich führte ihn zu Jesus und verstand, dass in dieser Stadt eine Ernte auf uns wartete.

An diesem Wochenende begegneten wir noch anderen Menschen, und Gott öffnete weitere Türen für uns, um sein Wort zu verkündigen.

Ich fuhr damit fort, in die Tschechoslowakei zu reisen und wusste, Gott bereitete etwas Besonderes vor. Eines Tages erhielt ich die Einladung, bei einer „Jugendkonferenz" in Holesov zu sprechen. Das war eine kleine Stadt im Süden, nicht weit entfernt von Brünn. Michael und ich entschieden uns, die Einladung anzunehmen. Zur selben Zeit wollten wir auch Rumänien besuchen, so beschlossen wir, beides zu verbinden.

Auf unserem Rückweg von Rumänien reisten wir dann durch die Tschechoslowakei. Die Gemeinde in Holesov erreichten wir sehr spät am Freitagabend. Der Beginn der Konferenz war für Samstagmorgen geplant.

Nie werde ich unsere Ankunft am Hause des Pastors vergessen, welches neben dem Gemeindegebäude lag. Einige Male mussten wir an die Tür klopfen, bis der Pastor öffnete. Er begrüßte uns kaum, teilte uns nur mit, wir könnten auf dem Fußboden der Kirche schlafen und die Veranstaltung würde am Morgen beginnen. Doch ohne Kopfkissen und Matratze konnte ich auf diesem harten Fußboden überhaupt nicht schlafen.

Die Übernachtungsmöglichkeiten während meiner ersten Jahre im Dienst waren oftmals armselig. Wir mussten so manche Nacht im tiefen Winter in Zimmern ohne Heizung verbringen. In Hotels zu übernachten war meistens nicht besser – kein warmes Wasser, keine Heizung, und auf dem Fußboden liefen Kakerlaken herum. Wenn ich bei christlichen Brüdern oder Schwestern übernachtete, gaben uns diese für gewöhnlich das Beste, was sie hatten.

Was in Halesov geschah, war nicht normal. Es schien, als würde der Pastor es bedauern, uns in seine Gemeinde eingeladen zu haben. Morgens bot er uns keinerlei Frühstück an. Uns wurde nur gesagt, für die Gottesdienste bereit zu stehen.

Wir gingen in den Gottesdienstraum, und dort warteten sechs oder sieben ältere Damen! Ich war überglücklich, dass Michael zugestimmt hatte, in der ersten Veranstaltung zu sprechen.

Ich war sehr frustriert, aber nach einer Stunde geschah etwas. Fünfzehn bis zwanzig Jugendliche kamen herein. Sie sahen aus, als hätten sie die letzten paar Wochen im Wald gelebt. Sie setzten sich, und ich war an der Reihe. Ich kann mich nur noch daran erinnern, wie die Jugendlichen auf mich reagierten. Sie riefen „Halleluja" und „Amen" auf alles, was ich sagte.

Später kamen sie nach vorne und stellten sich vor. Es war eine Gruppe Jugendlicher aus Prag, und der Pastor der Gemeinde aus Holesov hatte sie zur Konferenz eingeladen. Sie begannen, uns ihre Geschichte zu erzählen.

Einige Monate zuvor hatte eine kleine Erweckung in Prag angefangen. Ein afrikanischer Bruder war als Student dort gewesen und hatte an der Universität ein paar junge Männer zum Herrn geführt. Immer mehr Jugendliche bekehrten sich und inmitten all diesem wurde der afrikanische Bruder aus dem Land gewiesen. Jetzt waren sie alleingelassen – ohne Leiter oder jemanden, der sie lehren konnte. Sie sagten, Gott hätte uns in ihr Land geschickt, und wir sollten nach Prag kommen, um sie zu unterrichten. Wir erkannten dies als die Führung des Herrn und sagten dem Pastor in Holesov „Auf Wiedersehen". Geradewegs fuhren wir nach Prag.

Am Sonntagabend fand ein Gottesdienst in einem alten, großen Apartment statt. Der Raum war voll mit Menschen – wahrscheinlich saßen fünfzig bis sechzig Personen zusammengedrängt auf dem Fußboden.

Diesen Abend werde ich nie vergessen. Sofort, nachdem ich begonnen hatte, das Wort mitzuteilen, spürte ich die Gegenwart des Heiligen Geistes auf eine besondere Weise. Ich konnte nicht mehr als dreißig Minuten predigen, dann begann ich zu beten. Die Kraft des Heiligen Geistes war in solch einer kraftvollen Weise freigesetzt, dass Menschen im ganzen Raum niederfielen, schrieen und im Heiligen Geist und Feuer getauft wurden. Wir liefen umher und beteten für jeden – stundenlang. Dies setzte sich den ganzen Abend bis spät in die Nacht fort. Wir beide wussten, an diesem Abend wurde etwas Neues in Prag geboren.

Früh am nächsten Morgen mussten wir zurück nach Schweden fahren, doch wir wussten, wir würden bald zu diesen jungen Menschen zurückkehren.

17

Die Geburt der Gemeinde „Voda Zivota" in Prag

Michael und ich begannen, regelmäßig nach Prag zu reisen. Wir planten Untergrundseminare an verschiedenen Orten. Zu Neujahr 1989 hatten wir unsere erste Konferenz in einem kleinen Dorf außerhalb Prags. Dieses Mal waren unsere Frauen mitgereist, und wir predigten von früh bis spät.

Die Gruppe wuchs immer weiter, und wir bestimmten einen Leiter, Aleksander Flek – ein fröhlicher junger Mann mit einer Leidenschaft für Gott und dessen Wirken. Er wurde Sasha genannt, war Jude und ein sehr gebildeter, kluger Mann. Wir wurden gute Freunde, und die meiste Zeit übersetzte er uns. Die Freundschaft haben wir über die Jahre aufrecht erhalten, und es war großartig, ihn und seine Familie regelmäßig zu besuchen.

Die richtige Zeit war gekommen, um eine neue Gemeinde in Prag auszurufen. Die Gruppe war nunmehr auf die doppelte Größe angewachsen, und es bestand ein Bedarf, sie besser zu organisieren. Wir setzten ein Datum im Januar 1989 fest, an dem die Gründung stattfinden sollte.

Es war vorgesehen, dass Michael und ich an diesem Wochenende bei jener Gruppe ein Seminar durchführen und am Sonntagmorgen die Gemeindegründung verkünden würden.

Die Gruppe versammelte sich in einer geräumigen Wohnung im Zentrum Prags; und am Sonntagmorgen waren wir alle geschniegelt und bereit, die Geburt der neuen Gemeinde zu feiern. Viele Menschen waren dabei, und wir begannen, Jesus anzubeten. Wir predigten das Wort und gerade, als wir die Gemeinde ausrufen wollten, gab es einen Knall an der Eingangstür. Dann kamen vier oder fünf Polizisten in den Raum gerannt. Sie waren bewaffnet, schrieen laut und befahlen, die Versammlung zu beenden. Wir wurden alle festgenommen und zur örtlichen Polizeistation gebracht.

Heute hört sich das lächerlich an, aber so war die Situation Anfang 1989 innerhalb des kommunistischen Blocks. Das Christentum wurde verfolgt und kriminalisiert. Menschen in der Tschechoslowakei waren während dieser Zeit wegen ihres Glaubens im Gefängnis.

Wir wurden alle verhört, was viele Stunden in Anspruch nahm. Es war großartig, diese jungen Männer und Frauen zu beobachten, welche gut gekleidet ihre Bibeln in den Händen hielten und darauf warteten, von der Polizei ausgefragt zu werden. Sie sangen und beteten in Zungen auf der Polizeistation!

Ich wurde als letzter vernommen. Der Polizist sah müde aus. Er schaute mich an und sagte: „Kein ‚Halleluja' oder ‚Jesus liebt dich'. Sag kein Wort! Hör nur zu! Diese Menschen sind verrückt und gefährlich. Triff sie nie wieder, niemals!" Er nahm meinen Namen auf, ich schaute ihn an und sagte: „Halleluja!"

Wir wurden alle freigelassen, aber unsere Namen standen in der Polizeiakte. Später am Abend wurde die Gemeinde ausgerufen! Ihr Name lautete „Voda Zivota".

Die Verkündigung einer neuen Gemeinde war einer der Ausgangspunkte für etwas, was in den kommenden Jahren zu einer Erweckung in der Tschechoslowakei führen sollte. Viele junge Menschen empfingen Jesus, und in dem ganzen Land wurden Gemeinden gegründet.

Ende November 1989 begann die „Sanfte Revolution". Vaclav Havel wurde aus dem Gefängnis entlassen und in die Lage versetzt, das Land in die Demokratie und Freiheit zu führen.

Sofort konnten wir die Veränderung im Land hautnah bemerken. Der Wechsel bedeutete eine fantastische, neue Chance, die Nation zu evangelisieren. Ich erinnere mich noch daran, als wir erstmalig das Evangelium öffentlich auf dem Altstädter Ring im Zentrum Prags verkünden konnten. Dieser Platz verfügt über eine Statue des Reformers aus dem 15. Jahrhundert, Jan Hus. Die katholische Kirche verbrannte Hus auf dem Scheiterhaufen. Er hatte sich geweigert, Kompromisse bezüglich seiner Überzeugung einzugehen, dass jeder Mensch das Recht habe, Gottes Wort zu hören und zu lesen. Die Kommunisten hatten diese Statue erhalten, weil sie meinten, Jan Hus sei das gute Beispiel eines treuen Kommunisten!

Wir hatten die große Verstärkeranlage einer Heavy Metall-Band gemietet. Ich predigte und Sasha übersetzte. Der Platz war mit eintausend oder mehr Menschen gefüllt. Ein Traum ging für mich in Erfüllung, als ich der ganzen Stadt unseren auferstandenen Erretter laut verkündigen konnte.

Ich entsinne mich noch an eine sehr gut gekleidete Dame mit viel Wimperntusche, welche in der Nähe der Bühne stand. Während meiner Botschaft sah ich zwei schwarze Streifen ihre Augen hinunterlaufen. Sie weinte in der Gegenwart Gottes! Später wurde ich gewahr, sie sei eine der berühmtesten Schauspielerinnen Prags, und zusammen mit vielen anderen nahm sie an diesem Nachmittag Jesus an. Auch ihre Tochter übergab ihr Leben dem Herrn. Noch heute ist diese Frau eine der populärsten Schauspielerinnen der Tschechischen Republik.

So wie im übrigen Osteuropa gab es einen Neuanfang in der Tschechoslowakei. Während der nächsten vier oder fünf Jahre konnte dieses Land eine „Zeit der Heimsuchung Gottes" erleben. Viel Wunderbares geschah, und es war eine sehr wichtige Zeit für den Leib Christi in Osteuropa. Das geistliche Klima war offen, und die Menschen waren anfangs sehr hungrig nach Gott. Doch änderte sich die geistliche Richtung schrittweise.

Ich erinnere mich an einen „Open-Air-Gottesdienst" 1994 im Prager Zentrum. Wir hatten die Erlaubnis, auf dem Wenzelsplatz zu predigen, demselben Platz, wo die „Sanfte Revolution" stattgefunden hatte. Vieles hatte sich zu dieser Zeit schon verändert. Der Materialismus und Tourismus hatten sich in Prag weit ausgebreitet. Das Resultat war viel Sünde und Weltlichkeit. Ich predigte ein paar Abende auf dem Platz, und die Atmosphäre war nicht leicht zu durchbrechen. Ein Großteil der Zuhörerschaft bestand aus Ausländern, hauptsächlich Deutsche, Briten und Skandinavier. Sie lachten mich aus und machten es mir sehr schwer.

Nach einiger Zeit hatte ich genug. Ich forderte die Menschen heraus und sagte: „Wenn du krank bist, mit welcher Krankheit auch immer, und du wagst es, nach vorne zu kommen – Gott wird dich heilen!"

Die Menschen verlachten und verspotteten mich noch mehr. Zwei Personen nahmen die Herausforderung an – eine ältere Dame mit Kopfschmerzen und ein Mann, 35 Jahre alt, auf einem Auge blind.

Drei Jahre zuvor hatte der Mann sein Augenlicht bei einem Autounfall verloren. Das Auge war zerstört. Zuerst betete ich für die Dame. Nach dem Gebet sagte sie völlig begeistert, die Kopfschmerzen wären verschwunden. Die Zuschauer lachten noch immer und schauten auf den blinden Mann. Er kam auf mich zu und fragte ernstlich: „Kann Jesus mein Auge heilen?"

Ich sagte: „Ja", und streckte meine Hand in Richtung seines Auges aus. Als meine Hand sein Gesicht fast erreicht hatte, meinte ich, Gottes Stimme zu vernehmen. Er sagte: „Ich möchte, dass du genießt, was du jetzt gleich erfährst!"

Ich fühlte nichts Besonderes, ausgenommen, dass ich zitterte und vollkommen darauf vertraute, dass Gott mit seiner Kraft hervorkäme.

Das ist Glauben! Diese Art Glaube überwindet immer die Welt! Glaube buchstabiert man „R i s i k o". Die Kraft des Glaubens wird jedes Mal freigesetzt, wenn wir gemäß Gottes Wort und geführt durch den Heiligen Geist handeln. Es ist eine fantastische Erfahrung, wie dadurch der Himmel in diese Welt gebracht wird.

Der Mann wurde augenblicklich geheilt. Alle Ehre sei Jesus. Das veränderte die Atmosphäre auf dem Platz völlig, und wir erlebten, dass viele Menschen, sogar auch welche von den Touristen, Jesus als ihren Herrn und Erretter annahmen.

Diese Jahre waren „Zeiten der Veränderung", und ich hatte das Vorrecht, mitten darin zu sein. Da ich schon vor dem Fall des Kommunismusses in vielen Ländern Osteuropas intensiv für das Reich Gottes gearbeitet hatte, besaß ich dort zahlreiche Kontakte. So war es leicht, jetzt Evangelisationen und Gottesdienste auszurichten. Wahrscheinlich war ich einer der ersten Prediger, der zu dieser Zeit in Osteuropa „Open-Air-Gottesdienste" durchführte.

Zusammen mit einigen Flüchtlingen in Traiskirchen.
Am Bus gelehnt, Michael und Tina Lundin, daneben Vivianne.
Im Bus führten wir Gespräche mit den Flüchtlingen und
servierten ihnen Tee und Kaffee.

Unser Team in Wien im März 1984.

Unser erstes Kind, Rebecka.

Bengt und ein Team 1986 in Jugoslawien.

Sicko als Pizzabäcker.

Joel, unser zweites Kind.

1987, bei der Predigt des Evangeliums auf einem Platz in Zagreb.

Bengt und Ivan in Bulgarien, 1988.

Magdalena, unser drittes Kind.

Deborah, unser viertes Kind.

Beim Predigen mit Sasha in der Tschechoslowakei, 1989.

Vivianne und Magdalena vor unserem Sommerhaus.

Familienurlaub in Venedig, 1994.

18

Mein erster Besuch in Albanien

Mit Albanien war es anders. Einige Monate bevor Vivianne und ich 1983 als Missionare ausgesandt wurden, besuchten wir beide eine Schule für das Training von Missionaren in Stockholm. Diese wurde von Mission SOS, eine eng mit dem Fuller Theological Institute in Pasadena, USA, verbundene Missionsgesellschaft, geführt.

Die Schulung dauerte zwei Monate mit intensiven Studien; die meiste Betonung lag auf den unerreichten Völkern dieser Welt. Ich erinnere mich besonders an eine Nachmittags-veranstaltung, wo einer der Lehrer über die 16.290 unerreichten Bevölkerungsgruppen der Welt sprach. Er erwähnte die größten dieser ethnischen Gruppen, und unter ihnen war das albanische Volk. Der Lehrer erklärte, Albanien sei die von allen am wenigsten erreichbare Nation.

„Wenn ihr Albanien mit dem Evangelium erreichen könnt, wird auch alles andere möglich sein", sagte er.

Ich entsinne mich, dieses in mein Notizbuch geschrieben zu haben. Seit diesem Tag hatte ich einen Traum in meinem Herzen – Albanien mit dem Evangelium zu erreichen.

Während wir in Wien arbeiteten, begegneten wir einige Male Flüchtlingen aus Albanien. Sie berichteten uns über die Lage in ihrem Heimatland. Dort war keine Religion erlaubt.

Menschenrechte gab es nicht, und es war fast unmöglich, als Besucher ins Land zu reisen. Der einzige Weg bestand scheinbar darin, Mitglied der Albanischen Kommunistischen Partei zu werden. 1990, als Albanien noch immer unter dem Kommunismus und der Diktatur stand, wurde mir in Jugoslawien eine Möglichkeit eröffnet, nach Albanien einzureisen. Von Dubrovnik ausgehend arrangierte die Kommunistische Partei dreitägige Reisen, welche zum Ziel hatten, „das erfolgreiche politische Model Albaniens" studieren zu können. Die Reise stand ebenso Ausländern mit politischen Interesse offen.

Mein Freund Michael und ich kamen überein, an einer dieser Reisen teilzunehmen. Das war ein großartiges Abenteuer! Wir traten die Reise in Dubrovnik mit etwa fünfundzwanzig anderen Kommunisten an.

Nur unser Fahrzeug überquerte die albanische Grenze. Zu jener Zeit erlaubte Albanien seinen Einwohnern keine Reisetätigkeit.

Es war ihnen nicht einmal erlaubt, innerhalb Albaniens ohne Sondererlaubnis zu reisen. Privatautos waren nicht erlaubt. Der einzige Straßenverkehr bestand aus Bussen und staatlichen Autos, schwarzen Volvos 164.

An der Grenze war es schon unheimlich. Wir stimmten darin überein, unser Bestes zu geben, uns der Gruppe anzupassen. Das bedeutete vorzugeben, gute Kommunisten zu sein, welche den Erfolg Albaniens studieren wollten! Nach der Grenzüberquerung stiegen ein albanischer Reiseführer und eine albanische Reiseführerin zu. Sofort begannen sie uns mitzuteilen, wie großartig alles in Albanien sei – die Wirtschaft, das soziale Gesundheitssystem, das Erziehungssystem – und wie einmalig es sei, frei von aller Religion zu sein.

Beim Blick aus dem Busfenster nahm ich nur Armut und traurige Gesichter wahr. Die meisten kommunistischen Länder hatte ich besucht, aber so etwas noch nicht gesehen. Ich konnte nicht länger an mich halten. Ich konfrontierte die Reiseführer, indem ich sie fragte, wie sie glauben könnten, ihr System sei erfolgreich, wenn Menschen in Armut leben würden. „Sie müssen nur mal raus schauen", sagte ich.

Außerdem konfrontierte ich sie bezüglich der „Freiheit von" Religion. „Wir brauchen religiöse Freiheit", teilte ich ihnen mit.

Dann begann ich, von Jesus zu erzählen, und wie Millionen von Menschen in Europa die Wahrheit des Evangeliums erfahren hatten. An diesem Punkt wusste ich, dass ich zu weit gegangen war. Das durfte man in Albanien nicht sagen, und es bestand das Risiko, dass sie mich zurück zur Grenze bringen würden, um mich auf der anderen Seite rauszuschmeißen. Der Reiseführer war sehr aufgebracht und fragte mich, warum ich an dieser Reise teilnehmen würde, wenn ich nur mitkäme, um zu kritisieren.

Wir machten eine Mittagspause, und wurden alle um einen großen Tisch herum gesetzt. Während wir aßen, setzte sich die Reiseführerin neben mich und flüsterte mir ins Ohr: „Ich bewundere wirklich, was Sie im Bus gesagt haben. Viele von uns haben Interesse an Gott. Trotzdem müssen Sie vorsichtig sein. Der andere Führer berichtet alles weiter. Sogar das, was ich Ihnen jetzt sage, falls er davon erfährt. So sehr werden wir in Albanien kontrolliert."

Ich war begeistert, das von ihr zu hören. Es war, als würde Gott durch sie sprechen.

Bald stellten wir fest, das Reiseprogramm war so geplant, dass wir keine Möglichkeit hatten, irgendjemandem zu begegnen, außer unseren Reiseführern und den Menschen im Hotel. Zudem mussten wir uns viele kommunistische Statuen und Denkmäler ansehen.

Für mich bedeutete das reine Zeitverschwendung. Ich sprach mit unseren Reiseführern und bat sie, den Plan zu ändern. „Wir möchten Tirana besuchen und würden gerne dort Zeit für uns haben", sagte ich. „Nur um die Menschen kennenzulernen."

„Unmöglich", sagten sie. „Jeder im Bus möchte dem Programm folgen."

„Glauben sie an Demokratie?", fragte ich den Reiseführer.

„Natürlich", sagte er. „Albanien ist ein demokratisches Land."

„Also gut", sagte ich. „Lassen Sie uns die Demokratie im Bus praktizieren. Ich werde fragen, wie viele Ihrem Programm folgen möchten, und wie viele mit unserem Vorschlag übereinstimmen." Sie schauten mich verwirrt an. Die Reiseführerin konnte sich kaum zurückhalten loszulachen. Ich fragte die Gruppe, und alle sagten, sie würden lieber die Zeit für sich in Tirana verbringen!

„Das haben wir noch niemals zuvor getan", sagte der Reiseführer. Aber sie verstanden, dass Demokratie etwas war, was sie noch nie vorher in Ausübung gesehen hatten und fühlten sich verpflichtet, uns auf eigene Faust gehen zu lassen. Ich freute mich riesig. Als wir in Tirana ankamen, brach ich alleine auf. Ich entschied mich für einen Gebetsgang und wollte einigen Menschen Zeugnis geben.

Auf meinem Weg, während ich in Zungen betete, ging ich an einer großen Statue des ehemaligen Diktators, Enver Hoxha, vorbei. Ich konnte den Teufel flüstern hören: „Das hier ist zu schwierig; es ist unmöglich, die Menschen zu erreichen."

Zur gleichen Zeit hörte ich aber auch in meinem Geist: „Sei bereit! Diese Nation wird sich sehr bald öffnen. Das Evangelium wird schnell im ganzen Land gepredigt werden."

Ich ging zur Universität, wo sich viele junge Menschen aufhielten.

Es war leicht, mit ihnen in Kontakt zu kommen, und bald folgte eine gute Unterhaltung, in der ich von Jesus erzählen konnte. Viele sammelten sich um mich herum. Einige sprachen Englisch, und diese übersetzten es den anderen.

Eine Studentin erklärte mir: „Viele von uns möchten mehr über Gott wissen, aber es ist in diesem Land sogar verboten, auch nur Fragen über ihn zu stellen." Sie forderte mich auf, hinter mich zu blicken. „Dieser Mann mit Sonnenbrille folgt Ihnen auf Schritt und Tritt. Er ist einer von ihnen (gemeint war die Geheimpolizei). Seien Sie vorsichtig!"

Ich drehte mich um und entdeckte einen Mann, der perfekt in einen Mafiafilm aus den fünfziger Jahren gepasst hätte. Ich grüßte ihn, und er schaute verwirrt weg.

Dann bat mich die Studentin ein Gebet aufzuschreiben, was sie zur Errettung und zu Gott führen würde! Das tat ich auf einem Stück Papier. Ich war sehr begeistert nach meinem Tag in Tirana. Einige Tage später fuhr ich nach Schweden zurück.

19

Bei der Regierung

Meine Gemeinde wusste nichts über meine Reise nach Albanien. Als ich den folgenden Sonntag meinen Pastor vor Beginn des Gottesdienstes traf, fragte er mich, wo ich gewesen sei, und ich erzählte ihm von Albanien. „Das musst du der Gemeinde mitteilen", sagte er.

Das kam öfter vor. An den wenigen Sonntagen, die ich aufgrund meiner Reisetätigkeit in der Gemeinde verbringen konnte, wurde ich oft gebeten, vom Missionsfeld zu berichten. Ich wusste, die Gemeinde liebte zu hören, was Gott tat.

An diesem Morgen gab ich ein kurzes Zeugnis, und ich erinnere mich daran, dass ich mitteilte, was mir der Heilige Geist in Tirana gesagt hatte. Die Gemeinde war total begeistert, und wir begannen für Albanien zu beten. Ich wusste, viele Gemeindemitglieder hatten an diesem Morgen Albanien in ihren Herzen empfangen, und viele würden weiterhin für dies Land beten.

Ich glaube, dass Gott uns Gläubigen mit dem Gebet eine einzigartige Waffe gegeben hat. Wenn ein Mensch betet und gehorcht, wird etwas in Gang gesetzt.

Einige Monate später, im Jahr 1991, sprach Gott ganz deutlich zu mir.

Ich wollte auf eine Missionsreise nach Usbekistan gehen und hatte die Vorbereitungen dazu schon abgeschlossen. Seit einem Jahr arbeitete ich bei einem Pionierprojekt in Tashkent mit. Als Ergebnis war jetzt eine neue Gemeinde, „Wort des Glaubens", entstanden. Meine dortigen Freunde, Dennis, Aleksey und die anderen Brüder und Schwestern liebte ich sehr.

Deshalb war ich enttäuscht, als Gott mir auftrug, meine Pläne aufzugeben und so schnell wie möglich nach Tirana zu reisen. „Ich habe dort eine offene Tür für dich", sagte Gott. „Geh zum Regierungsgebäude, und ich werde dich weiter führen."

Ich änderte meine Pläne, nahm Kontakt zu meinem Freund Dan Lindau auf, und bat ihn, mich bei dieser Reise zu begleiten.

Dan ist ein großartiger Mann mit einer Leidenschaft für Gott. Er freute sich mitzukommen, und so fuhren wir los. Nun war Albanien ein wenig offener für ausländische Besucher, und wir entschieden, nach Belgrad zu fliegen. Direktflüge nach Albanien waren zu jener Zeit nicht so üblich. In Belgrad mieteten wir ein Auto, und begaben uns auf den langen Weg nach Tirana. Das bedeutete ein ziemliches Abenteuer, denn der Balkankrieg war in vollem Gange. Bei dem Mietwagen handelte es sich um einen alten Zastava, ein jugoslawischer Fiat.

Wir fuhren durch Sarajevo. Hier predigte ich in einer Gemeinde, bei deren Aufbau ich einige Jahre zuvor mitgeholfen hatte. Dan und ich wussten, etwas Besonderes würde in Albanien auf uns warten. Wir fuhren durch Bosnien, Kroatien, Montenegro und dann nach Albanien. Die Einreise nach Albanien verlief problemlos, und wieder waren wir die einzigen, welche die Grenze überquerten.

Südwärts setzten wir unsere Reise nach Tirana fort. Wenige Minuten später kamen ein paar Einwohner auf die Straße und begannen, uns mit Tomaten zu bewerfen. Das taten sie mit einem lachenden Gesicht, und wir kapierten nicht, ob sie über uns nun glücklich oder ärgerlich waren. Wir konnten nicht anders als lachen! Der Zastava war mit verdorbenen Tomaten bedeckt, und tatsächlich fühlten wir uns in diesem seltsamen Land willkommen.

Am späten Nachmittag erreichten wir Tirana. Nach der Ankunft im „Hotel Tirana" begaben wir uns auf einen Stadt-spaziergang.

Dan hatte seine Trompete aus Schweden mitgenommen. Als wir ins Zentrum kamen, sahen wir viele junge Menschen, und ich bat Dan zu spielen. Er ist ein sehr gewandter und gesalbter Trompetenspieler. Nach kurzer Zeit sammelten sich viele Menschen um uns, und ich nahm die Gelegenheit wahr, das Evangelium zu predigen. Ein junger Mann kam hinzu und übersetzte meine Botschaft. Wir unterhielten uns mit ihnen und beteten für einige. Beide empfanden wir, dass bald etwas in Albanien geschehen würde.

Sehr früh am nächsten Morgen bekleideten wir uns mit Anzug und Krawatte und gingen zum Parlamentsgebäude. Ich hatte weder eine Kontaktadresse noch irgendeine Ahnung davon, was wir sagen oder tun sollten.

Jesus hat uns das Versprechen gegeben, wenn wir in bestimm-te Situationen geraten, würde er uns die genauen Worte geben, die wir sagen sollen: „Und wenn sie euch hinführen, um euch zu überliefern, so sorgt euch vorher nicht, was ihr reden sollt, sondern was euch in jener Stunde gegeben wird, das redet! Denn nicht ihr seid die Redenden, sondern der Heilige Geist." (Markus 13:11)

Wir kamen zum Eingang des großen Gebäudes und warteten dort gerade mal ein paar Minuten.

Plötzlich kam ein gut gekleideter junger Mann auf uns zu. Er begrüßte uns, als wären wir erwartet worden.

„Nach wem schauen Sie sich um?", fragte er in einwandfreiem Englisch.

„Wir müssen mit einer Autoritätsperson sprechen", waren die einzigen Worte, die mir in den Sinn kamen.

„In Ordnung, folgen Sie mir", sagte er.

Wir folgten ihm ins Gebäude, vorbei an Sicherungseinrichtungen, hinein in ein großes Büro.

„Dies ist der Sekretär für all unsere Minister", sagte der junge Mann. „Teilen Sie ihm Ihren Wunsch mit."

Ich erklärte dem Sekretär, ich müsste über etwas wirklich Wichtiges betreffend des Staates Albanien und seiner Zukunft reden.

„Nur einen Augenblick", sagte er und telefonierte. Nach einer kurzen Weile teilte er mir mit, der Innenminister wäre bereit, uns zu empfangen.

Wir gingen in sein Büro und empfanden beide, dass wir uns nicht alleine auf den Weg machten und als wären wir mit Gottes Gegenwart bekleidet. Es ist ein fantastisches Vorrecht vom Heiligen Geist geführt zu werden. Das Leben im Geist ist tatsächlich ohne Begrenzungen.

Der albanische Innenminister empfing uns, und als erstes sagte er: „Kommen Sie aus Schweden? Ich habe Schweden schon immer gemocht. Erzählen Sie mir etwas von Ihrem Land."

Ich wusste, dieser Mann hatte viel Blut an seinen Händen. Albanien stand immer noch unter Diktatur mit tausenden politischen Gefangenen und Arbeitslagern, in welche Menschen geschickt wurden, um „ihre Haltung und Gedanken über das stalinistische Regime zu verändern."

Höchstwahrscheinlich hatte dieser Mann viele Menschen dem Tod oder der Folter übereignet. Und Schweden hatte er schon immer gemocht? Ich fühlte mich fast beleidigt. Sofort wusste ich, was zu sagen war.

„Schweden ist eine gesegnete Nation, weil wir zu Beginn des zwanzigsten Jahrhunderts eine Erweckung hatten."

„Was ist Erweckung?", fragte der Minister.

Ich sagte ihm, dass wir genau deshalb mit ihm sprechen wollten. „Wir sind auf den Straßen von Tirana gewesen und haben die Leere und Verzweiflung in den Augen der Menschen gesehen. Sie haben einen Fehler gemacht, als Sie 1967 die Tür zu Gott, der Tirana liebt, verschlossen haben."

„Erzählen Sie mir mehr", sagte er.

Jetzt empfand ich die Gegenwart des Heiligen Geistes äußerst stark im Raum. Ich erzählte dem Minister über Gott, und wie dieser Jesus gesandt hatte, um die Menschheit zu retten und wiederherzustellen.

Der Minister war sichtlich angerührt, und ich konnte Tränen in seinen Augen erkennen. Nach einiger Zeit sagte er: „Ich mag tatsächlich, was Sie mir mitgeteilt haben. Wie kann ich Ihnen helfen?"

Ich schaute durch das Fenster seines Büros und sah ein großes Fußballstadion.

„Sie könnten uns dieses geben, um es für ein Festival im nächsten Monat zu nutzen. Ich werde ein Team junger Menschen herbringen, welche singen und feiern werden, und wir werden Tirana von der Liebe Gottes erzählen."

„Das mag ich", sagte er. „Ich werde den Kultusminister kontaktieren, der gleichzeitig der Präsident des ‚Olympischen Komitees' in Albanien ist, Herr Agim Zeka. Er kann es einrichten, dass Sie das Stadium bekommen." Der Minister telefonierte nur ein Mal und vereinbarte für uns einen Termin mit Herrn Zeka.

Auch sprachen wir bei unserem Treffen mit dem Innenminister über Versorgungsmöglichkeiten im Rahmen humanitärer Hilfe. Deshalb verabredete er für uns den Besuch eines örtlichen Krankenhauses.

Wir sagten Lebewohl, und er ermutigte uns, alles würde gut laufen.

Dann gingen wir ins Büro von Herrn Zeka. Er begrüßte mich, indem er durch seinen Sekretär Spreca sagte: „Ich mag Sie, Sie haben einen guten Geist."

Ich begrüßte ihn ebenfalls und antwortete, das sei der Geist Gottes, und ich würde ihn auch mögen.

Der Kultusminister war ein sehr charismatischer Mann. Tatsächlich sah er wie ein amerikanischer Pfingstprediger der sechziger Jahre aus. Später stellte ich fest, dass er nichts über den Geist Gottes wusste.

„Wie viele Stadien benötigen Sie?", fragte er. „Ich bin vom Innenminister autorisiert, Ihren Plänen Folge zu leisten", fuhr er fort.

„Ich möchte die zwei größten", entgegnete ich. „Ich möchte sie umsonst und ohne irgendein Eintrittsgeld von den Besuchern zu nehmen."

Herr Zeka lächelte mich an und sagte: „Ich mag Sie. Sie wissen, was Sie wollen. Wir kommen ins Geschäft!"

Ich sagte ihm, ich hätte dieses gerne schriftlich, inklusive einer Einladung der Regierung.

„Kommen Sie heute Nachmittag zurück, dann werden Sie einen Vertrag zwischen Ihnen, der Regierung von Albanien und dem olympischen Komitee erhalten.

Ein paar Stunden später suchten wir sein Büro wieder auf und nahmen dieses „historische Dokument" entgegen.

Zurück zu unserem Hotel ging ich wie auf Wolken. Dies war fast zu schön, um wahr zu sein!

Danach besuchten wir das Krankenhaus und wurden eingeladen, bei einer Blindarmoperation ohne jegliche Betäubung für den Patienten zuzusehen. Wir erkannten, wir mussten auch etwas für die humanitäre Situation tun. Der Direktor des Krankenhauses sagte, die momentane größte Not wäre der Bedarf an einem neuen Krankenwagen. Sie hätten nicht genug finanzielle Mittel, um einen neuen zu kaufen. Ein paar Wochen später lieferten wir dem Krankenhaus zwei Krankenwagen. Sie waren haupt-sächlich von meinem Teilzeitarbeitgeber Möbler & Slojd aus Uppsala finanziert worden.

Als wir zum Hotel zurückkehrten, warteten zwei Personen in der Lobby auf uns. Sie stellten sich als Angestellte des albanischen Staatsfernsehens vor. Sie erzählten mir, sie hätten von unserem Festival gehört, und machten uns das Angebot ihrer Mithilfe.

„Wir können Ihnen zwei Möglichkeiten anbieten", sagten sie. „Entweder eine Stunde einer aufgenommenen Reportage oder zwei Stunden Live-Sendung zur besten Sendezeit. Es ist Ihre Wahl!", sagten sie.

„Ich bevorzuge die Möglichkeit der Live-Übertragung", sagte ich.

Ich erhielt alle Details, und unsere Übereinkunft umfasste zwei Stunden Direktübertragung vom Jesus-Festival im staatlichen Fernsehen Albaniens!

Gott tat während dieser Tage Großartiges.

Es war Zeit für unsere Abreise aus Albanien. Wir gingen zu unserem Auto, welches vor dem Hotel geparkt war. Es war kaum wiederzuerkennen. Jemand hatte alles gestohlen, was von einem Auto mitgenommen werden konnte ... Wir lachten über diese Situation und brachen zu unsere Reise in den Süden Albaniens auf.

Wir hatten vor, durch Griechenland nach Bulgarien zu reisen, wo wir zum Predigen angekündigt waren. Von dort sollten wir in die Stadt Backa Palanka fahren, welche im Kriegsgebiet Serbiens lag. Vor unserer Rückkehr nach Schweden war ich auch dort zum Predigen eingeplant.

In Backa Palanka zu predigen war „wild". Das Gemeindegebäude lag knapp einen Kilometer von der Kriegslinie entfernt. Während des Gottesdienstes konnten wir Granateneinschläge und Schüsse hören.

Das Auto blieb mehrere Male liegen, bevor wir es endgültig an der Mietstation am Belgrader Flughafen zurückgaben. Preis sei Gott, dass wir eine Autoversicherung abgeschlossen hatten!

20

Jesus-Festival in Tirana

Wieder in Schweden angekommen, nahm ich Kontakt zu Ulf Ekman auf und erzählte ihm über die von Gott geöffneten Türen. Dann bat ich um Erlaubnis für die Planung, mit einem Team aus jungen Leuten im folgenden Monat nach Albanien zu reisen. „Ich werde mitkommen", sagte er mir.

Ich war glücklich, das zu hören, und wir begannen, Pläne zu schmieden. Ulf schlug vor, Carola, eine bekannte schwedische christliche Sängerin und Gewinnerin des Europäischen Song Contests (Grand Prix) in Rom (1991), sollte auch mitkommen. Carola war von der Idee völlig begeistert, und es war ein Vorrecht, sie mit dabei zu haben.

Als erstes schickten wir ein Team mit den zwei Krankenwagen nach Tirana. Sie fuhren den ganzen Weg von Schweden hinunter! Dan Lindau war auch mit dabei. Sie erreichten Tirana ein paar Tage vor mir. Ich reiste in der Woche vor dem bevorstehenden Ereignis an.

Bo Sander begleitete mich. Er war zu dieser Zeit für die Fernseharbeit von „Wort des Lebens" verantwortlich. Die Koordination mit dem albanischen Staatsfernsehen gelang ihm sehr gut. Es war ein Kampf gegen die Zeit, denn in Albanien, noch immer unter kommunistischer Herrschaft, hatte man mit etwas Derartigem keine Erfahrung. Nicht einmal die richtige

Ausrüstung für eine Direktübertragung war vorhanden. Bo arrangierte all diese Details, und schließlich wurde er zum Programmdirektor dieses Vorhabens. Die Zusammenarbeit mit Bo war immer ausgezeichnet. Zu Beginn der neunziger Jahre hatten wir dazu viel Gelegenheit.

Meine Arbeit bestand darin, das ganze Projekt zu beaufsichtigen und zu betreuen. Das tat ich zusammen mit dem Kultus- und dem Innenminister.

Hierbei stieß ich auf viele Hindernisse. Agim Zeka hatte seine Ansicht bezüglich des freien Eintritts zu den Veranstaltungen geändert und schon Vorbereitungen getroffen, Tickets zu verkaufen. Ich konfrontierte ihn und sagte, das würde ich niemals akzeptieren. Wir hatten eine starke Auseinandersetzung darüber, aber nach einiger Zeit begann er zu lachen und sagte, er wüsste, ich würde niemals aufgeben!

„Sie haben gewonnen", sagte er. Wir hatten noch weitere Meinungsverschiedenheiten, aber er gab nach und erlaubte uns, es genau nach der Weise zu tun, wie wir es wollten. Es war ein großartiger Sieg, als Tirana mit Postern bedeckt war, welche das Ereignis ankündigten. Wir hatten ein wunderschönes Poster mit dunkelblauem Hintergrund und goldenem Kreuz entworfen. Bis dahin war in Albanien das Kreuz ein verbotenes Symbol gewesen. Es sah wirklich großartig aus.

Ulf und Birgitta Ekman kamen zusammen mit Carola an dem Tag an, als das Festival begann. Ich hatte Limousinen für sie bereitstellen lassen, um sie von der Landebahn des Tiraner Flughafens abzuholen. Ich teilte den Beamten mit, ich würde es begrüßen, wenn sie die Zeit für Pass- und Gepäckkontrolle abwenden könnten. Dem stimmten sie ebenfalls zu! Es konnte tatsächlich wie ein offizieller Staatsbesuch arrangiert werden.

Ich freute mich, Ulf, Birgitta und Carola am Flughafen zu treffen. Bei unserem ganzen Vorhaben hatte ich ein gutes Gefühl. Ich war gleichzeitig konzentriert und aufgeregt.

Als wir ein paar Stunden später am Stadion eintrafen, sahen wir mehr als zwanzigtausend Menschen, die ihrer Begeisterung lauthals Ausdruck verliehen.

Es war eine fantastische Atmosphäre! Ich stieg auf die Bühne und begrüßte die Menschen Tiranas. Meine Tränen konnte ich kaum zurückhalten.

Acht Jahre zuvor, als ich die Missionsschule in Stockholm besucht hatte, war mein Herz mit der Idee, Albanien mit dem Evangelium zu erreichen, entfacht worden. Jetzt war ich hier vor mehr als zwanzigtausend Menschen, und das staatliche Fernsehen übertrug es in ganz Albanien. Nach einer behördlichen Schätzung sahen siebzig Prozent der Bevölkerung diesem Ereignis zu.

Der Gottesdienst war großartig. Carola sang, und Ulf predigte das Evangelium. Er musste die Predigt in Teilen weitergeben, denn die Menschen riefen die ganze Zeit. Am Ende wollten viele Jesus annehmen, und es war ein großer Erfolg.

Das war der Anfang von etwas Neuem in Albanien. Am Tag darauf führten wir einen zweiten Gottesdienst durch und zwei Tage später fand der Abschlussgottesdienst im nördlich gelegenen Shkodra statt. Nach dem zweiten Gottesdienst verließen die Menschen „Halleluja, Halleluja" rufend das Stadion. Fünfzehntausend Menschen marschierten die Straße entlang und riefen „Halleluja" im Rhythmus. Das war sehr eindrucksvoll und ein wenig furchterregend zugleich. Die Freiheit hatte in Albanien Einzug gehalten.

„Halleluja" bedeutete den Menschen so viel mehr als nur ein neues Wort. Es war die Proklamation von etwas Neuem, welches jahrzehntelang verboten gewesen war.

Später hörten wir, dass Präsident Ramiz Alia den Fernseh-direktor angerufen hatte, um die Übertragung des ersten Abends zu stoppen. Der Fernsehdirektor weigerte sich, deshalb wurde er in der darauffolgenden Woche gefeuert. Als einige Jahre später der Kommunismus gefallen war, bekam er seine Arbeits-stelle zurück. Später wurde er ein guter Freund von uns.

Jetzt begann ein neues Abenteuer. Albanien war eine völlig weltliche und unerreichte Nation. Wir planten, nun eine neue Arbeit aufzubauen, Jünger zu machen, Gemeinden zu starten und das Reich Gottes zu festigen. Es war fantastisch zu erleben, wie das Evangelium sich den Weg bahnte, und Gott etwas Wunderbares in Albanien zur Geburt brachte. Nach diesem Ereignis zogen Dan und Anna Lindau mit ihren Kindern nach Albanien, um dort für ein paar Monate Missionare zu werden. Im Januar 1992 hatte ich das Vorrecht, die Gemeinde „Wort des Lebens" auszurufen, die erste in Tirana und Albanien.

Unsere Missionare erledigten eine wunderbare Arbeit, und während der folgenden Jahre besuchte ich dieses Land oft. Wir führten Kampagnen in jeder größeren Stadt des Landes durch, und nach ein paar Jahren waren Gemeinden an vielen Orten gegründet.

Albanien ist für mich ein besonderes Land. Wenn Gottes Licht in diese Bastion der Dunkelheit eindringen konnte, ist absolut alles möglich. Noch immer habe ich Träume und Visionen für die unerreichten Gebiete dieser Welt. Und ich weiß, Gott wird stets zeigen, wann und wie der nächste Schritt zu gehen ist.

Schlusswort

Ein Traum wurde für mich wahr. Ich hatte zu Tausenden von Menschen gepredigt, die noch nie zuvor das Evangelium von Jesus Christus gehört hatten. Ich wusste, dieses war nur der Anfang dessen, zu dem Gott mich berufen hatte.

Jetzt, siebzehn oder achtzehn Jahre später, kann ich dem mehr hinzufügen. Ich habe erlebt, wie sich immer weitere Türen für mich öffneten, um das Evangelium von Jesus Christus zu verkündigen.

Was Gott mir durch Don Kirkby beim Camp von „Jugend mit einer Mission" in Schweden vor siebenundzwanzig Jahren zugesagt hat, ist schon zur Erfüllung gekommen. Doch ich bin mir sicher, das Beste steht noch aus.

Ich möchte dich als einen an Jesus Glaubenden ermutigen: Gott hat eine Berufung auf dein Leben gelegt! Du musst kein gewöhnliches, leeres und unbedeutendes Leben führen. Auf dir ist der Ruf zu einem Leben im Übernatürlichen. Der Heilige Geist lebt in dir und möchte dich führen und leiten.

Hör ihm zu. Tue, was er sagt! Mach dies zu einer Lebensgewohnheit. Wage Schritte des Glaubens!

Du lebst nur einmal; lebe dein Leben einhundertprozentig für ihn, welcher die Quelle des Lebens ist.

Umgib dich mit Menschen, die an den Jesus der Bibel glauben. Verschwende deine Jahre nicht mit solchen, die sich weigern mit dem Heiligen Geist voranzugehen. Habe Gemeinschaft mit Menschen, welche an dich glauben!

Oftmals ist es Religiosität, welche die Menschen schwächt und von ihren Träumen löst. So ist Jesus nicht! Er sagt: „Ihr habt nicht mich erwählt, sondern ich habe euch erwählt, und euch dazu bestimmt, dass ihr hingeht und Frucht bringt." (Johannes 15:16)

Er wird dir geben, was immer du brauchen wirst, um deinen Lauf in ihm zu vollenden. Mit dem Vater und dem Heiligen Geist ist Jesus auf deiner Seite, wenn du mit ihm gehst.

Bleib demütig und bereinige dein Leben. Ohne einen heiligen Lebenswandel kannst du die Kraft Gottes niemals erfahren. Um die Auferstehungskraft in deinem Leben zu erhalten, musst du die Erfahrung des Kreuzes in jedem Bereich deines Lebens machen. Der Tod kommt immer vor der Auferstehung.

In meinem Dienst habe ich bei vielen Menschen einen guten Anfang gesehen. Doch leider musste ich nach einiger Zeit festellen, wie sie zurück fielen, da ihnen das beständige Erfahren des Kreuzes fehlte.

Finde Vorbilder für dein Leben. – Ich erinnere mich, wie ich immer etwas von Gott durch Dr. Lester Sumrall aus den USA empfing, wenn er unsere Gemeinde in Uppsala besuchte. Er war jährlich zu Gast, und jedes Mal war es für mich wie Weihnachten. Er war wirklich ein Mann Gottes. Was mich begeisterte, war nicht nur seine Predigt, sondern viel mehr noch, was er aus seinem Leben nach und zwischen den Gottesdiensten mitteilte.

Bist du im Dienst involviert, gib immer hundert Prozent. Siehe zu, dass du immer hungrig nach Jesus und offen für ihn bleibst.

Bleib frei und flexibel. Von manchen wirst du als Verräter angesehen werden, wenn du außerhalb ihres gewohnten Rahmens Glaubensschritte gehst. Meistens ist das Unsinn. Es ist ein Zeichen von Angst und Mangel an Glauben innerhalb der Leiterschaft. Aber wisse, sobald du den Glaubensschritt gehst, bist du für die Folgen verantwortlich.

Möge meine Geschichte dir eine Inspiration sein, um Größeres für Gott zu wirken. Es gibt noch immer so Vieles für das Reich Gottes in dieser Welt zu tun.

Bengt Wedemalm ist Gründer und Direktor des Missionswerkes „Global Outreach Scandinavia" und der in Großbritannien ansässigen gemeinnützigen Organisation „Bengt Wedemalm Ministry".

Weltweit dient er mit dem Wort Gottes. Er arbeitet missionarisch in Gebieten, welche vom Evangelium unerreicht sind. Ebenfalls ist er ein gern gesehener Konferenz- und Seminarsprecher.

Bengt ist mit Vivianne verheiratet. Sie haben vier Kinder und leben in Großbritannien.

Weitere Informationen sind erhältlich bei:

Bengt Wedemalm Ministry
www.globaloutreach.nu
powerforliving@btinternet.com